U0541620

国际文化版图研究文库

颜子悦　主编

大 分 化

正在走向终结的新自由主义

〔法〕热拉尔·迪梅尼尔
　　　多米尼克·莱维　著

陈　杰　译

2015 年·北京

Gérard Duménil et Dominique Lévy
La grande bifurcation: En finir avec le néolibéralisme

ⓒ Éditions La Découverte, Paris, 2014

Simplified Chinese Translation Copyright ⓒ 2015 by Beijing Yanziyue Culture & Art Studio.
All Rights Reserved.

本书简体中文翻译版权归北京颜子悦文化艺术工作室所有，未经版权所有人的书面许可，不得以任何方式复制、摘录、转载或发行本书的任何部分。

国际文化版图研究文库总序

人类创造的不同文明及其相互之间的对话与沟通、冲突与融合、传播与影响乃至演变与整合，体现了人类文明发展的多样性统一。古往今来，各国家各民族秉承各自的历史和传统、凭借各自的智慧和力量参与各个历史时期文化版图的建构，同时又在总体上构成了人类文明发展的辉煌而璀璨的历史。

中华民族拥有悠久的历史和灿烂的文化，已经在人类文明史上谱写了无数雄伟而壮丽的永恒篇章。在新的历史时期，随着中国经济的发展和综合国力的提升，世人对中国文化的发展也同样充满着更为高远的期待、抱持着更为美好的愿景，如何进一步增强文化软实力便成为摆在我们面前的最为重要的时代课题之一。

为此，《国际文化版图研究文库》以"全球视野、国家战略和文化自觉"为基本理念，力图全面而系统地译介人类历史进程中各文化大国的兴衰以及诸多相关重大文化论题的著述，旨在以更为宏阔的视野，详尽而深入地考察世界主要国家在国际文化版图中的地位以及这些国家制定与实施的相关的文化战略与战术。

烛照着我们前行的依然是鲁迅先生所倡导的中国文化发展的基本思想——"明哲之士，必洞达世界之大势，权衡较量，去其偏颇，得其神明，施之国中，翕合无间。外之既不后于世界之思潮，内之仍弗失固有之血脉，取今复古，别立新宗。"

在这一思想的引领下，我们秉持科学而辩证的历史观，既通过国际版图来探讨文化，又通过文化来研究国际版图，如此循环往复，沉潜凌空，在跨文化的语境下观照与洞悉、比较与辨析不同历史时期文化版图中不同文明体系的文化特性，归纳与总结世界各国家各民族的优秀文化成果以及建设与发展文化的有益经验，并在此基础上更为确切地把握与体察中国文化的特性，进而激发并强化对中国文化的自醒、自觉与自信。

我们希冀文库能够为当今中国文化的创新与发展提供有益的镜鉴，能够启迪国人自觉地成为中华文化的坚守者和创造者。唯其如此，中国才能走出一条符合自己民族特色的文化复兴之路，才能使中华文化与世界其他民族的文化相融共生、各领风骚，从而更进一步地推进人类文明的发展。

中华文化传承与创新的伟大实践乃是我们每一位中国人神圣而崇高的使命。

是为序。

颜子悦

2011 年 5 月 8 日于北京

目　录

导言　社会变革之道 …………………………………………… 1

第一部分　历史动因 ………………………………………… 9

第一章　资本主义是历史的终结吗？ ……………………… 11
社会化与资本主义所有制 ……………………………………… 11
国家干预和泛国家干预 ………………………………………… 13
作为资本主义体制下一个有组织的社会阶级的管理者们…… 14
有组织资本主义的三极阶级结构 ……………………………… 17
资本主义金融 …………………………………………………… 19
作为管理资本主义的20世纪资本主义：管理主义………… 20

第二章　社会变革动因中的斗争和妥协 …………………… 23
管理资本主义的三种社会秩序：第一次金融霸权、战后妥协与
　　新自由主义 ………………………………………………… 23
国家与民主 ……………………………………………………… 29

基于左翼或右翼立场的结盟:领导权,以及社会主义和新管理
　资本主义 ………………………………………………………… 31
生产关系和社会秩序:一对互逆关系 …………………………… 32
大分化 ……………………………………………………………… 33

第二部分　战后与新自由主义 …………………………………… 37

第三章　"左翼立场上"的妥协 ……………………………………… 39
收入与资产:一个更平等的社会 ………………………………… 39
服务于经济增长的金融业 ………………………………………… 41
企业内部:管理者掌权与雇工联盟 ……………………………… 44
作为左翼妥协方案实施媒介的政府,以及"大政府"与社会保障 …… 46
国家经济 …………………………………………………………… 47

第四章　延续与断裂 ………………………………………………… 50
沿着工人运动轨迹前行的社会妥协方案 ………………………… 51
国际关系的缺口 …………………………………………………… 53
战后妥协的解体 …………………………………………………… 56

第五章　从"1979年突变"到"2008年危机" ……………………… 58
"1979年突变"和20世纪80年代的放松管制,以及边缘的
　债务危机和中心的金融危机 …………………………………… 58
新自由主义下的出口大潮与20世纪90年代的危机 …………… 60
20世纪90年代后期:美国统治下的新自由主义神话 ………… 61
全球化扩张继续,新自由主义的全球扩张受到质疑 …………… 62
金融化、放松管制与全球化以及美国经济的增长失衡 ………… 63
2008年:结局 ……………………………………………………… 64

第六章　新自由主义考验下的欧洲 ······ 67
从罗马到马斯特里赫特：在新自由全球化中解体的一个方案 ····· 68
危机之前和迈向危机：西班牙的实例 ······ 72
德法之路 ······ 80

第三部分　顶层的紧张局势 ······ 85

第七章　盎格鲁—撒克逊金融：一种模式，一个帝国 ······ 87
金融和非金融业的所有权和管理，盎格鲁—撒克逊新自由主义的案例 ······ 87
管理网络和资产网络的转化以及权力因素 ······ 88
股东激进主义与新自由主义企业治理模式的武装手段——投机基金 ······ 90
资产和控制网络，美国的霸权 ······ 91

第八章　欧洲特征：德国式的工业主义和法国式的金融化 ······ 98
欧洲特质和欧洲化 ······ 98
在盎格鲁—撒克逊路径之外：新自由主义和新管理主义的混合 ····· 99
法国：建立金融纸牌屋的政府 ······ 102
德国和法国：融入新自由主义全球化的两种不同形式 ······ 106

第九章　国际竞技场 ······ 110
老牌资本主义国家霸权遭到蚕食 ······ 110
资本积累的混乱和国际交易的失衡 ······ 114
保护主义加剧 ······ 119
不稳定的资金流动，抵抗中的"边缘"国家 ······ 119

第四部分　对峙 …… 123

第十章　美国—欧洲：右翼的野心，一致与分歧 …… 125
新自由主义道路在美国的延续 …… 125
美国的暂时好转：部分走出衰退 …… 126
美国能赢得全球化的挑战吗？ …… 128
在帝国中心：除了改变社会秩序之外，作为颇多 …… 130
欧洲：形势严峻，欧洲大陆统一的未来悬于一线 …… 132
欧洲右翼的共识：以新管理主义摆脱危机？ …… 134

第十一章　欧洲：促成左翼妥协方案，保留并超越 …… 137
金融面前的三大左翼 …… 138
定义方案，选择社会 …… 139
渐进或是革命？一个跨阶级联盟 …… 141
阶级霸权和国际霸权 …… 143
打破金融霸权，重夺管理自主权 …… 144
打破盎格鲁—撒克逊霸权，在全球化背景下重夺政策的自主性 …… 146
共同执政，如何避免历史重演？ …… 148
政治—假想 …… 150

注释 …… 153

导言　社会变革之道

本书源于一个明确的认识：即三十年来，欧洲和美国这两个老牌世界中心一直走在社会倒退的路上。当然，表述这样一个观点并不能将过去"洗白"，但重要的是：它让我们注意到当下社会的运行轨迹与进步相悖。而这些倒退趋势的种种表现我们也并不陌生：比如绝大多数人购买力的停滞不前，生态环境灾难和全球变暖，对于社会保障的侵蚀，教育和研究领域的退步，商业和金融行为对于生活的全方面入侵。当下我们所经历的经济危机更是加重了这些趋势，因为危机成为了对大众阶级施压的借口。在政治层面，本书的目的就在于将这些进程颠倒。

这一判断基于一种真正的左翼视角：那就是人类的未来只可能建立在一种团结平等的"共存"理念之上；它同时意味着那些使集体和个人生活变得高贵的社会与文化价值观。它的影响显而易见：比如与不平等作抗争，期待每个个体为集体贡献力量，确保公民的各种权利独立于一切权力等级和财产等级体系，唤起对一切与环境保护相关的需求的重视，保护最弱势群体。这一计划对抗的是受精英主义意识形态所主导的，旨在强化少数特权阶级利益的右翼势力：构成这些少数特权阶级的个人和团体被认为有着与生俱来的优越性。在右翼人士眼中，这一等级差别必须以追求卓越和效率之名而进行保护。

乌托邦死了吗？被埋葬了吗？尽管我们不会试图在此重写整部现代社会史，但依然有必要回溯过去将近两个半世纪的历史。18世纪的诸多革命受到各种理念的引领，譬如经由法国大革命而铭刻到共和国殿堂门楣上的"自由、平等、博爱"。那个时代属于一个处在征服期的资产阶级。就连对它从不客气的马克思也毫不犹豫地强调资产阶级具备革新旧社会结构的能力；它懂得利用群众的力量来达成目标，催生一个新的世界。然而，从1794年7月的热月政变到1848年6月之间，同一个资产阶级，却频繁地使用镇压手段来控制群众运动。因为后者传播了一些对其产生威胁的平等理念，譬如国民公会的各种理念。刚刚受洗的人民共和国就这样让位给了资产阶级共和国。工人们应该明白了普选并不能确保人民的权力。

人生来平等，享有同等的权利。但由于未能按此原则生活，女性便无法奢求与男性同等的地位。而对于一些分布很广，被认为是低等"种族"的群体而言，要在人类大家庭中赢得彻底完整的地位则需要更长的时间。这就是社会发展曾经走过的各种道路，它们太慢，太过于曲折，也太厚此薄彼。于是乎，很快地出现了一种少数派意识。它清醒地察觉到1789年《人权与公民权宣言》当中所呼吁的平等依然悬于一道深渊之上；而打开这道深渊的，是财富聚集在少数人手中这一现实。巴贝夫（Gracchus Babeuf）那个极端的，后来被称为"共产主义"的解放方案正是在这一背景下应运而生。如果消灭差距的雄心不对资本主义所有制提出质疑的话，平等一词将沦为空谈。

随着大工业的发展，社会发生剧变，对抗形态也将由此转化。一个在规模和组织力上都大大超越作坊工人的新型工人阶级在这一社会演变过程中诞生。19世纪的工人斗争和思想界的蓬勃发展相得益彰，催生了形式各异的社会主义方案（诸如傅立叶式的，拉萨尔式的，或者蒲鲁东式的，等等）。在各种思潮当中有一个人物脱颖而出，他的思想，在其生前，尤其是逝世后，将影响历史的进程。他就是与弗里德里希·恩格斯并肩作战的卡尔·马克思。马克思吸纳了社会主义和共产主义的理念，并宣称赋予了它们科学的基础。除此之外，我们自然也要提到"无产阶级国际主义"，它的宗旨在于协调正在迅速扩张的各路工人抗争运动。那时，人们所关心的已经不再是一个简单的进步方案，而是一次极端的社会解放，让人类走出史前时代。工人阶级需要超越资本主义，完成一项双重任务。也就是说，它的社会解放将伴随着一种有组织的经济秩序的建立，后者终将取代资本主义的无序状态。一个理想化的世界在前方慢慢显露，而深信实践所带来的创造力的马克思，则不愿对这一未来做出过于细致的勾勒。作为一场人民运动，巴黎公社开了先河。它首先杜绝了权力行使过程中天然产生的等级化现象。

正是在德国这个先锋的工业国，"社会主义"和"社会民主"的思潮得以巩固。改良和革命之路纵横交错，紧密相连，其复杂程度在今天看来已经很难理清头绪。然而，这一系列应当促成工人阶级夺权，推翻资产阶级生产关系的运动却并没有按照马克思设想的轨迹而发展，后者将希望寄托在了一个先进工人阶级的革命潜能上。事实上，革命最终在列宁和布尔什维克的强力领导下，在俄国获得成功。而在其他所有国家，它都遭遇了失败。正如我们所知，随着"共产国际"（也称为"第三国际"）在1919年的成立，宣扬马克思主义的工人运动内部出现了分裂。"共产主义"一词成为带有极端色彩的革命派的标志，而"社会主义"一词则更倾向于指代那些不愿意与前者混为一谈的改

大分化——正在走向终结的新自由主义

良派思潮。同时还需要提到的是从19世纪末马克思主义传入之后，中国革命者们同样英勇的斗争。这一过程始于1921年中国共产党的成立，一直延续到其开始上台执政的1949年。

但我们现在需要关心的是这一系列进程的第二阶段。"一切权力归于苏维埃"的口号并没有在革命胜利之后兑现。党内干部们无一例外地取代了无产阶级而占据了权力的高位。这就形成了当年还是孟什维克派的托洛茨基在1904年所称的"代理主义"[1][a]的局面。党内干部构成了一个官僚体系框架下的新型阶级的核心。斯大林，以及之后如柬埔寨红色高棉那样的模仿者们，声称在辩证地处理与人类关系的基础上，通过集体农庄或者人民公社带给人类一种人间天堂式的社会模式。[2]然而，这并不意味着我们无法找到一些至少与资本主义体制内占主导地位的经济模式同样高效的经济模式；也不意味着我们无法建立起一些民主性不亚于我们现在所谓的民主国家政府的执政模式（在本书的第二章，我们将深入探讨一些此处仅初步涉及的概念）。在前苏联和东欧各国，资本主义革命最终自上而下地发生。这些国家的领导人认为他们所选择的那套社会体制将为他们赢得一个上层阶级所代表的新型地位，相比之前设定的道路更为优越。自20世纪80年代末起植根于西欧和美国的新自由资本主义则清楚地展现了在这一选择下相关领导人所获得的利益。至于中国，如今它行走在一条属于自己的道路上。

从1919年的大分裂开始，一股习惯上被称之为"改良主义"的潮流继续与第三国际的道路并行存在。两者既有竞争，又有合作。当然，与其称之为"改良主义"，不如叫它"渐进主义"。因为前者暗指

---

[a] 本书的所有注释都按照章节放在本书的结尾。

一种修正但保留资本主义的愿望，而后者则标志着一种对于分阶段超越资本主义的认可。两次大战之间的那段时间和1929年的经济危机成为了它的跳板。第二次世界大战结束之后，各种社会形态之间找到了一种妥协。一些新的道路在欧洲和美国出现。它们具备的一个重要共同点就是某种意义上的社会进步：比如生活水平的提高、社会保障的改善、教育普及、文化进步，等等。我们可以将这些道路形容为"社会民主"之路。但这个词如今已经被彻底玷污了，以至于在法国，它被用来指代奥朗德政府那些完全与战后进步趋势相左的政策。虽然没有更好的词来表述，但有些记忆依然鲜活，这其中就包括了1968年的五月风暴。在那段时间，新兴的年轻一代用他们的热情照耀了乌托邦的梦想。

在通过革命改造世界的方案上被寄予厚望的几个大国的失败似乎还不够，到了20世纪80年代初，连温和渐进的改良之路也被封死。在英国和美国的右翼势力的推动下，我们俗称的"新自由主义革命"（其实更是一股反革命潮流）异军突起。20世纪70年代经济增长的放缓和通货膨胀大潮为这一局面的出现创造了有利条件。旨在重建特权的政治势力开始行动，而尽管20世纪80年代初罢工不断，左翼的势力仍无法与之抗衡。玛格丽特·撒切尔和罗纳德·里根是这场重建运动的英雄。在法国，以1983年社会党人开启的严苛时代作为转折点，政权交替找到了新的动力。随后就该经历"第三条路"——由一些习惯上被认为是左翼的势力搬上政治舞台的巨大闹剧。资本主义市场和新自由主义的全球化意识形态以"现代性"之名占据上风，各国的共产党面临困境，而极右翼则开始崛起。

三十年了。如果说今天的危机看上去能让人们对以上这些趋势做出反思的话，真正的时机其实并未到来，或者说勉强到来。社会进步

大分化——正在走向终结的新自由主义

这部大历史太容易给右翼提供理据：比如左翼的进步主义热情只会导致混乱和低效。从两次大战之间那段时间开始，新自由主义的大理论家哈耶克就已经将社会民主主义（当然是基于当年的历史背景赋予这一概念的意义）视为威权主义和共产主义世界（被其与纳粹混为一谈）的前兆。

当下的危机并没有过多地动摇右翼的必胜信念。让它有所收敛的是以下这个事实，即新自由主义的势力并没有真正拆散覆盖我们社会的互助网络。然而，全球化对大众阶级施加的竞争压力却为这些势力而服务。这场重建特权运动的其中一个较新的表现，就是2000年初令人瞩目的德国反社会化改革。更近的则有希腊、意大利或者西班牙所被迫接受的休克疗法，后者为欧洲的右翼开辟了新的道路。人们呼吁其他国家也迈向这个深渊，但却并不保证这种疗法对于重振经济所起的效果。

然而，危机只是表象，上层阶级在享受胜利感的同时，却缺乏对于新自由主义战略种种矛盾的重视。这些矛盾是严重的。"新自由主义化过程"遇到了严峻的阻碍，这正是我们在本书中所持的观点。它让我们对于逆转局势更有信心，哪怕上层阶级的反扑能力依然未知。世界并不只是由老牌中心构成的，新的等级秩序正在世界范围内建立，新的路线也已经被勾勒出来……

考虑到历史的演进是永恒的，它不允许单纯地复制过去的轨迹，那么在上述这段已然变糟的历史中，我们应当在哪个节点上重新冷静下来呢？有没有必要利用过去犯下的"错误"而重启革命性的方案？还是应该再次选择渐进主义的道路？如果是的话，那又如何避免它们像过往一样变质？正是带着这些问题，我们进入了政治调研领域，目标直指其中最大胆的一个问题，即阶级结构和阶级斗争问题。如何从中理解左翼的得与失以及右翼的优势和劣势？在这方面，马克思主义的分析框架做出了无法取代的贡献。

本书的第一部分提出了一个解读资本主义生产方式背后各种历史动因的理论框架：包括了阶级结构的更新（尤其是新兴领导阶层的上层部分）、阶级斗争的角色和形式以及由此所赋予左翼和右翼这两个概念的内涵，资本主义发展过程中的不同阶段，直到最近的新自由资本主义。这一分析让我们确信我们的社会如今正面临一个"大分化"。哪一种新型的人类社会阶段将接替新自由资本主义？是接受另一种受上层阶级主导的形式还是开发新的进步和解放之路？与两者相对应的未来又会怎样？

第二和第三部分则将深入探讨支撑这些历史动因的更为技术的一些环节，主要着眼于经济层面。这是再一次地以史为鉴（研究其他国家的社会和经济状况、其他的经济危机），重新解读当下的历史大格局（经济危机、各种矛盾、权力对比）。

从这一理论框架和历史事实中得出结论之后，本书最后的第四部分将试图解答与美国和欧洲社会的未来相关的问题。这个已经存在许多先兆的后新自由主义时代将在何时到来？如何评估大西洋两岸所提出的相对短期或者长期的解决方案所蕴含的机遇？建立在预测和规律的辩证关系基础之上，本书在结尾处将提出一个我们认为可行的摆脱经济危机的战略，重启社会进步之路：那就是在欧洲找到一种各个阶级之间基于左翼立场上的新妥协。

第一部分 历史动因

第一章　资本主义是历史的终结吗？

这一章将从变化的角度来探讨资本主义生产：研究促使它永续，造成它转化的各种趋势，尤其是阶级结构的演变趋势。

对于本章标题所提出的问题，我们会直接并且肯定地做出如下答复：不，资本主义不是历史的终结，而只是它的阶段之一。新自由资本主义则是该阶段所经历的其中一个步骤。这个结论似乎与社会主义革命失败这一显而易见的事实相悖。其实不然：这些道路的失败有其自身原因，它并不能证明资本主义关系的永恒性。这些关系中与生俱来的粗暴和矛盾依旧威胁着它们的生存。

社会化与资本主义所有制

尽管有着各种不足，但由马克思的历史理论所构建的分析框架依然是一个难以逾越的标杆，尤其是关于各种生产方式更替的部分，后者强调了生产力和生产关系之间的互动。[1] 该分析的其中一个核心观点就是认定这一巨大的动因不会在每种生产方式进行的过程中中断。因此，资本主义是一个处于恒定演进状态的社会关系系统。有一种直觉贯穿了马克思的作品，即对于劳动（或者说生产，如果要用更严谨的方式来表述的话)"社会化"这一历史进程的直觉。生产成为了一个"社会性"事件,也就是属于"社会"的事件。它不再是个体或者一个由实名个体构成的孤立群体的行为,而是将一个关系的集合置于大量的生产参与者之中。

这种生产的社会化包含了三个方面。第一,生产需要集中更多的生产资料(即更多的资本)以及更大数量的劳动者。正如大家即将看到的那样:这一扩张需要转化生产资料私人所有制,在股份有限公司中表现为董事会和股东大会的出现;第二,劳动的社会分工织起了众多互为依存的网络,无论在每个公司内部还是在公司之间,这些网络一直在扩大。社会分工同时也覆盖了一国国内或者多国之间不断增大的地理空间;第三,公司的财产是一个关联系统:各个公司在一个"财产网络"之中互为所有者。在这一网络中占据中心位置的是金融企业,而其中的个体所有者则将自己定位在诸多战略要点之上。至于高层管理者,他们会在其他体系中相逢:比如"管理网络",即董事会网络。

于是,社会化进程的发展与生产资料私人所有制之间的矛盾便日益增大。在19世纪末20世纪初的美国,这种私人所有制的转化成为了一场三重革命的目标。正是在1900年左右,美国的大公司们纷纷在"公司革命"中接受了股份制形式,赋予了资本主义所有制一些更具集体色彩的形式。这场公司革命依赖的是在"金融革命"背景下由摩根、洛克菲勒和其他人所建立起来的大银行。这些新型银行成为了大企业们的融资代理人,或与其保持合作关系,或对其进行统治。于是大企业的所有者身边便多了一群直接与企业产生责任关系的合作者,他们成为了企业真正的组织者。单一的执行人不复存在，换之以共同责任人。这场革命被称为"管理革命"。[2] 资本家的各种职责被委派给管理者。后者在企业中具有双重身份：一方面，他们与将企业托付于他们的资本家老板连成一体；另一方面，他们管理着等级更低的雇员以及从事生产的劳动者。这三场革命是我们分析的核心部分，它们对之后的数十年有着巨大的影响。在欧洲，也有类似的转化在不同的时间以不同的模式出现。[3]

国家干预和泛国家干预

除了上文提及的三个方面，还应当给社会化进程加上第四个要素：那就是在经济机制作用下，实现调节和中央控制。在一个国家的范围之内，它涉及的是政府、部委和央行。除此之外，还有国际性的管理机构，如欧盟的各个部门、国际货币基金组织，或者世界贸易组织。这些机构对于资本主义生产关系的生存都是必需的。

这些中央干预尤其适用于各类经济政策：如宏观经济领域、产业领域、培训领域、运输领域等等。其中宏观经济领域，即对经济活动进行整体控制的领域，意义特别重大。一般来说，经济活动总是伴随着膨胀和紧缩而呈现为不同行情周期的更替。生产总是不定期地或增长，或衰退（即骤跌数个点），其带来的影响十分严重，尤其在失业率方面。生产的这一不稳定性同时也与社会化进程有关：如果一个公司将其经营活动以减少订单或者降低薪资的方式缩减一个点，那么它的这些决定所造成的需求紧缩就将影响到其他生产商。而货币和信贷机制则会将这些影响惊人地放大。于是，社会化进程的发展便成为了经济日趋不稳定的根源，更多的中央干预以及更合理的调节形式也随

之成为必要。[a]

公共行政从严格意义上说不属于经济范畴，但近一个世纪以来，这一领域的某些非常古老的组织形式却在重要性上有大幅提升。当公共交通、教育、医疗和研究这些大型职能部门被赋予了社会性的时候，就需要建立起广泛的调节体系，这就代表了社会化进程的一种新型表现形式。在社会层面，人口的老化要求收入更多地向退休阶层转移；医疗支出的相对上升也意味着类似的再分配，所有这些职能也都能由私人机构来承担。回望20世纪，我们发现公共混合行政领域的大事年表与资本主义所有制所经历的一系列革命的时间表出入很小，转变主要集中在上世纪中叶。以美国为例，1929年时公共支出的比例仅占国内生产总值的9.5%，而到了1951年这一比例则上升到了26%，之后仍一直处于上升过程。

作为资本主义体制下一个有组织的社会阶级的管理者们

社会化与组织化不可分割。因此我们能将20世纪的资本主义描述成一种"有组织的资本主义"（这一表达有时也被用来专门指代"莱茵资本主义"，[4] 而此处我们赋予了它一个更广泛的含义）。这种资本主义带来的结果是显而易见的：企业的管理、行政以及政策施行职能，这些社会化进程扩大化的产物必须由某些人士来负责。他们就是介于企业所有者和员工之间的管理者。私人领域（或者国有企业）里的管

---

[a] 针对这一不稳定性做出反应已经有很长的历史了。从19世纪那些私营大银行最初的协作行动，直到今天缜密的宏观经济政策，而美国在这期间还经历了1913年联邦储备系统的成立，但中央干预之门真正开启，还是由于二次世界大战之后经济活动的粗暴和不断重复，并最终在1929年达到顶峰，形成危机。受凯恩斯主义主导的战后最初几个十年过后，尽管也出现了一系列反对中央调节的声明和无谓的尝试，但新自由资本主义已经无法重回过去。

理者的工作范围是企业管理，因为指挥企业的运营已经超越了单个人的能力范围。而在中央政府部门，依然要求公共领域内的管理者"组织"或者说"协调"各种独立行为。

在我们看来，管理者所构成的不只是一个简单的社会类别：而是一个完全意义上的"社会阶级"。将其特别定义为一个阶级需要首先对阶级的概念有一个共识。因此有必要对这一概念进行一些回顾，但我们的首要理论基础还是马克思。正如表框1.1所示，马克思的阶级理念来自于他自己关于人类社会历史的基本理论。尽管他从未作过系统的阐述，但阶级的各种特征却已经被严格地确立了。[5]具体到管理者，马克思没有给出论述。虽然对于将管理职能赋予高级雇员的事实十分了解，但马克思对于这个社会类别的地位却没有做出明确说明。然而，在我们看来，企业管理者在当代资本主义中的地位还是能够比较容易地通过对马克思提出的原则的延伸来进行定义。

表框1.1 马克思主义历史与阶级理论，以及企业管理阶层的地位分析

1. 马克思主义的历史和阶级理论完全围绕着"剥削"这一概念展开之后者被定义为一个社会群体对另一个社会群体的部分劳动（这一劳动的成果，即"剩余劳动"）的占有。而这两个不同的社会群体就这样被定义成两个不同的阶级。

2. 这种对于"剩余劳动"的抽取方式随着时代而变：比如封建社会的"徭役"，或者资本主义社会的"剩余价值"。历史也因此成为不同形态社会之间的演替。

3. 历史进程由一个以生产为中心的动因决定。那就是"生产力"（生产的技术和组织水平）和"生产关系"（在生产以及产品

分配中所产生的不同社会群体之间的关系）之间的相互作用。而相应的社会组织方式被描述为"生产方式"。

所有这些不同的元素构成了一个体系，也就是说它们是被联系在一起共同定义的。在马克思的这一理论中，特别引起我们兴趣的是："阶级"的定义并不参照某种不确定的主导形式，等级形式或者剥削形式（即一些更广的机制），而是与抽取剩余劳动的历史表现方式相关联。

在资本主义社会，与生产手段的关系定义了不同的阶级。资本家是这些生产手段的"所有者"（厂房，机器等），基于这一点，他们能够抽取以剩余价值形式出现的剩余劳动。劳动者则与这些生产手段区分开来，收取一份薪水，相当于"他们劳动力的价格"。企业的管理者是生产手段的"管理者"，也就是说是由他们来做出一切与这些生产手段的使用相关的决定，并由他们来领导劳动者执行生产。这种与生产手段之间的特殊关系决定了管理者享受剩余劳动的途径（主要是薪资途径）。企业雇员的收入等级体系是建立在他们各自在生产关系中（对于管理者而言就是威望关系，独立决断关系等）所处的不同位置之上的，虽然获益途径（薪资）表面相同，但背后却存在着差异。正如我们将要了解到的那样，这并不只是一个薪资水平的问题，其中还存在着一些历史趋势（管理者的薪水经历了历史变迁）。我们的这一解读在保留了马克思主义基本原则（尤其是两个核心原则：即与生产手段之间的关系，将享有剩余劳动的途径视为划分时代的依据）的基础上，延伸了它的资本主义社会阶级理论。

至于与资本主义生产活动没有严格意义上联系的其他社会等级的

第一章　资本主义是历史的终结吗？

性质，依然是一个开放性的问题。我们在此只关心其中一个方面："公共行政部门管理者"的地位。是否能将他们与企业管理者置于同一个社会阶级呢？如果要做出肯定答复就必然意味着将马克思意义上的阶级概念做出延伸，明确阐释这一大胆方案将超越本书的调研范围。我们的观点如下：对于社会化这个主题所做的私人和公共领域的探讨，让我们将企业管理者和行政管理者视为同一个阶级内的"两个部分"。从社会学角度来说，这一观点代表着两者之间有许多共同点：比如受教育程度、职业升迁、文化和生活方式等方面；但又存在着一些可能将它们区分开来的特征：比如在政治层面。

有组织资本主义的三极阶级结构

以管理者为参照并不是更新马克思主义阶级结构分析的全部。首先需要指出的就是管理者的情况也出现在普通雇员身上。相对于资本家和劳动者这一基本的两极论而言，管理者和普通雇员共同占据着可以被称之为"中间人"的位置。然而，独立决断和威望的"集中"过程（辅以收入的极化）使得普通雇员与他们的上级之间维持了一条界线。以法国为例，形式上归入"管理者"这一定义非常广泛的类别（占据了三分之一的受雇者）意味着一些专属的制度性限定词的出现，尤其在退休金领域。而其他的观察，尤其是收入层面的观察，则引导出了一个更为狭窄的定义。当我们提到管理者这一类别时，指的正是这层局限意义：他们占据了收入等级体系顶峰的那少数几个百分比。许多"管理者"更应当被归为雇员中的高级部分人员。

我们的第二个观察如下：普通雇员和从事生产的劳动者这两个类别有逐渐聚合的趋势。正如在私人部门和公共部门的管理者之间，尽管差异依然存在，但共同之处也很明显。因此，将工人群体和普通雇员群体统一归入"大众阶级"应当可以视为一种有效的简化手段。

将上述内容汇总，便构成了一个三极阶级结构。在我们看来，它反映了19世纪末以来所经历的社会转变的三个主要方面：资本家、管理者，以及由普通雇员和管理者所组成的大众阶级。

以上分类并不排除混合定位的存在，后者是阶级结构的一个基本特征（见表框1.2）。它至少有三个方面值得我们关注：第一，对于少量生产手段的占有（如手工艺人、商人、小种植业者）；第二，管理者与大众阶级之间的界线；第三，位于等级体系顶峰的、享受高收入的高层主管和参与管理的资本家之间的界线。在每一个阶级内部，我们当然也能分出子类别。比如管理者中的不同群体：行政的、技术的、贸易的和金融的。管理者社会地位的两极性也在其中得到再现：比如金融管理者和资本家老板之间的特殊关系，技术管理者与一线从事生产的劳动者之间的关系。

表框1.2　中间阶级与社会结构延续性

驳斥阶级概念贴切性的人所最常使用的论据就是社会等级体系之间的延续性。世界上有富人和穷人；也有强者和弱者；而在两者之间，存在着中间群体。而历史上管理者这一类别的扩张，社会身份和地位的多样化这两点似乎也佐证了持"社会延续论"者的观点。

我们必须要理解到的是阶级结构定义的是社会运转的不同极性和动因。在19世纪，"无产阶级"这一提法是一种有效的简化：只要群体中的大部分人无法以出卖劳力维持生计，那么整个群体就都可归入无产阶级。而事实上，这一群体中也包含了如小农或者手工艺者这些分布广泛，既是劳动者又是所有者的子群体，

第一章　资本主义是历史的终结吗？

后者就具备了中间阶级的特征。对于这些阶级，除了建立在二元结构前提下的混合理论，不存在更贴切的描述了。马克思所提出的并不是一个类似"对或错"的分类标准，而是对于受这些极性（即阶级）所主导的社会演变的分析。正是这些演变给出了经济、政治、意识形态和文化等方面的答案。如今的资本主义依旧如此，尽管阶级结构更复杂了（三极结构）。如何对它们进行辨析成为理解当代世界的钥匙。比如，我们认为：我们在20世纪90年代中期做出的对于新自由资本主义的阶级解读无可替代。[6]

资本主义金融

在资本家阶级内部，也存在着很强的异质性。也就是说中小型资产所有者和大资本家共存其中。由于这些差异的存在，单一的"资本家阶级"标签就显得有点问题了，使用复数更为确切。第二个困难来自于股份有限公司体系飞速的社会化进程和这些公司在金融机构内部的资产渠道。资本家阶级中的这些上层部分的特权正是由金融机构的活动和权力来保障的。这里我们所指的金融机构外延很广：包括了银行、对冲基金、社保或者退休基金、资产管理者、保险公司等等，直至中央银行或者世界货币基金组织。19世纪，马克思已经认为银行体系是企业老板和借贷人的资本管理者。在今天的资本主义社会，这些金融机构的作用范围极大。为了更好地领会它们的形态，我们定义了"金融"这一概念。后者在我们眼中既指代资本家阶级中的上层部分，又指代那些"属于他们"的金融机构。金融是今天资本主义的核心成分，是各资本家阶级展现其优势的媒介。与此相关，当我们使用"金融化"、"金融道路"这些词的时候，涉及的既是金融行业的发展，也是其他相关行业的发展。

资产所有者给予约束，而管理者的组织职能令其在行事上具有潜在的独立性，处在等级体系上层的这两个阶级之间也因此产生了或合作或对立的关系。这些做法不断被质疑，并因为力量对比关系随着时代的变化而受到不同程度的影响。在由管理者主导的公司治理中，或是定义并执行经济方针的过程中，资本家们必须找到保证自身利益的手段。同样道理，我们也能理解控制金融机构对于资本家而言是何其关键，因为这些机构也都是由管理者打理，完全可以从他们手中溜走。从广义上而言，一切政治结构都牵涉其中。

作为管理资本主义的20世纪资本主义：管理主义

无论是在企业还是在行政部门内部，管理者的重要性都出现了明显的渐进式增长，这赋予了我们的经济与社会一种二元性。基于这个原因，我们将开始讨论"管理资本主义"：一种源于英语的表达。它原本主要专门用来讨论二战后的那段时间，而此处我们则赋予了它更普遍的含义。在这种资本主义类型之中，经济关系占据了中心位置，但却远非唯一值得关注的内容。思维模式、生活模式已经不再只受资本家阶级（布尔乔亚）所决定，管理者也参与其中。

沿着这个思路探究下去，就会发现资本家们的寄生虫特征越来越清晰地展现出来；而社会化进程也一直抵抗着旧式的资本主义结构。我们可以随之做出如下假设：这些演变将带来一系列不再有资本家特权的社会，但特权本身依然存在。我们把它们称之为"管理性"或者"管理主义"社会。当代资本主义也变得更像是一只双头怪物，一头资本主义，一头管理主义。

这一管理主义的假设意味着管理性资本主义社会的双重特质体现

第一章　资本主义是历史的终结吗？

的是一个过渡阶段：社会依然保有资本主义，但已经出现了管理主义，且有愈演愈烈之势。因此我们基本上可以将管理性资本主义改称"资本管理主义"。这一日趋增长的混合特性将资产所有者们的巨大恐惧实体化。同样的恐惧他们过去也曾因为"没有财产的权力"（这出自于一本著作的标题）[7]所带来的影响而感受到过。正如我们即将看到的那样：应当将新自由资本主义看成是，资本家阶级为了将上述演变扭转到符合他们自身利益方向上来所做的努力。

从资本主义到管理主义这一过渡的很多特征都会让我们联想到曾经发生过的封建主义到资本主义的转变（见表框1.3）。关于资本主义的未来是管理主义这一论断为本章标题所提的问题做出了一个直接而强烈的答复：资本主义生产方式不会成为历史的终结。一个全新的阶级社会将取而代之，管理者将是这个社会的上流阶级。至少这一动因的轮廓现在已经显现出来。各大众阶级的抗争融入其中，以期世界的转变按它们的想象而发生。

表框1.3　封建主义到资本主义的过渡

在封建社会内部，资本主义特征的出现持续了几个世纪。这些特征很早就在中世纪的一些城市中得到孕育，那里的手工艺者和商人开始自我组织。慢慢地，各地的贵族家庭以不同的方式与布尔乔亚（原意为普通市民）一样开始经商，通常是远距离贸易。而另一方面，布尔乔亚们最终也开始寻求介入田产和被册封的贵族。于是，封建社会一点一点地让位于旧制度下的社会：即贵族特权得到了保留（直到1789年被宣布废除），但体制内的布尔乔亚们不断强化自身地位。处于上升地位的新兴阶级也玩起了阶级斗争，有些保持右翼，有些保持左翼。于是，一个二元社会渐渐成形，两个阶级各自的特征也确立下来。而在两者交界处的模糊地带，则突现了一个贵族式布尔乔亚和一个布尔乔亚式贵族的形象。类似的现象也发生在今天：由于自身财富激增，处在等级体系顶端的管理者融入了（或者试图融入）各资本家阶级。过渡模糊了界线。

第二章 社会变革动因中的斗争和妥协

我们在前一章将重点放在了一段相对较长的历史的种种动因之上：包括了社会化和组织化的趋势，阶级结果的改变，管理资本主义自身的混合性，以及后资本主义生产方式所表现出来的前景：即社会化进程将超越生产手段私有化的桎梏而持续发展。在本章当中，我们的焦点将转移到阶级斗争以及权力、联盟、妥协、胜利、失败等一系列问题之上……我们将不再讨论是否存在一个管理者阶级，而是开始探究它的自主性以及与其他阶级之间的关系等等问题。

管理资本主义的三种社会秩序：第一次金融霸权、战后妥协与新自由主义

我们此处所关心的是从19世纪末到今天的欧美历史。这部管理资本主义的历史可以分为三个阶段，或者说三种"社会秩序"，每一个都以一次"结构性危机"结束。这里所说的"社会秩序"指的是由阶级之间，阶级内各个部分之间统治和妥协的博弈游戏而决定的权力配置。它们各自的持续时间为30至40年。结构性危机有别于频频发生的经济衰退：前者造成的影响波及范围更大，一般持续十来年，经济活动的收缩只是它的一个表现方面。

大分化——正在走向终结的新自由主义

　　管理资本主义本身诞生于美国的一次结构性危机。19世纪末出现了一次由资本收益下降，即企业利润率下跌所导致的"大萧条"（它的影响直到1929年才被一次更大的萧条而取代）。它被解读为一次竞争危机，因为企业们认为问题出在了过度竞争之上。事实上，它们自身规模的扩大伴随着大小企业之间差异性的增加；这给小企业带来了很大的压力。此外，沟通网络的扩张使得企业之间的正面对抗空间增大。为了应对这一现象，大企业纷纷以托拉斯和卡特尔的形式结盟以确保分享市场和利润。

　　正是在这一背景下出现了三重革命：股份公司革命、金融机构革命和管理革命。这些革命，尤其是管理革命带来的种种影响必须得到强调。其中一个主要影响如下：在不要求运用成本很高的生产技术的前提下（即不提高投入产出比），加速产能的提升。实现这一点，通过的是一次大规模的技术组织方面的变革。后者呈现为两种形式：泰勒制和福特制（技术方面，即流水线生产）。这些变革将逐步影响经济的各个方面和领域，直至超级市场，从而阻止了数十年来企业利润率的下跌，并且不需要由员工来承担经济重振的重负。

　　在政治层面，19世纪末和20世纪初阶级斗争激烈，世界工人运动正处于上升之势。在美国，资本家们由此做出了一些让步，但同时也存在着打着一战期间爱国主义旗号的强力镇压。第一个妥协解决了两个经济领域的共存问题：一是得到反托拉斯法保护的传统小资本家；二是由大银行资助，由管理者集团管理的大型现代股份公司。第二个妥协出现在大资本家（即股东）和管理者之间。然而，处于各种金融机构保护伞下的大资产阶级居于绝对的主导地位。这第一个社会秩序可以被定义为"第一次金融霸权"。

　　在制度转型（即管理资本主义的三重革命）和有利于技术革新的

第二章 社会变革动因中的斗争和妥协

新趋势的出现这些背景之下，1929年突如其来的经济危机可以被认为是一个悖论。是什么导致了这些失调？首先我们可以观察到大企业与传统领域之间在技术组织上的差距将增大，并同时削弱后者。其次，必须考虑到第一次金融霸权背景下整套时常被冠以"投机"之名的金融机制的建立所带来的影响。通过一套与股份购买直接挂钩的信贷体系，证券市场起了决定性作用。最后，在这个工业异质化和金融革新的风险背景下，社会化的各种力量（即社会化所带来的层层关联）加大了宏观经济的不稳定性。而美联储（1913年成立的美国中央银行）的动作也只是谨慎和笨拙的。萧条在1929年到来：股市崩盘，经济也被无情地摧垮（国内生产总值下跌了27%）。当时的政策反映的还是金融很有价值这一观点：除了个别例外情况，政府主要还是采取了放任自由的态度。由于缺乏恰当的支持，经济衰退在1932年演变成了全面的银行危机。一直到1933年3月，随着富兰克林·德拉诺·罗斯福入主白宫，真正有力的新政才得以推行。而美国走出危机则是二战准备时期的事了。当时的罗斯福处于整个体系的中心，他抵制金融，向工会张开双臂。行政管理者在其中扮演了重要角色。从罗斯福新政开始，一个庞大的规范金融行为的计划出台，它将政府干预行为推上了神坛。

这次危机的影响在欧洲也很明显。1932年，德国和法国的国内生产总值分别下跌了25%和15%。危机引发的后果是惊人的，它与各国早前的经济和政治路线所带来的影响结合了起来：纳粹在德国上台，而意大利的法西斯主义则继续占据统治地位；相反，西班牙和法国则是由左翼的人民阵线当权。西班牙此后陷入了内战，并以佛朗哥独裁统治的开始而告终。

我们不应该将这些历史片段与一种新型社会秩序的建立混为一谈。

大分化——正在走向终结的新自由主义

在各主要国家，通过一种相对成熟的方式达成社会妥协将是二战以后的事了。尽管存在着某些分歧，但一些重要的共识依然得以达成：比如对于金融权力的明显制约（人们略显夸张地将其形容为"镇压金融"），以及在经济和社会上让国家扮演更重要的角色等。阶级斗争的博弈带来了一次权力的重新配置。对于处在上升期的工人运动以及一些标榜社会主义或者共产主义社会的建立的巨大恐惧，加上1929年危机所造成的社会政治条件，资本家阶级被迫接受了这些对于他们特权的限制，但他们作为阶级依然存在。这些历史事件的相继发生体现了一种新的阶级妥协，联结了管理者与大众阶级。我们可以将这一妥协描述为"社会民主"派的妥协，尽管这一称呼经常被滥用。它具有两个特征：一是管理者与大众阶级的结盟；二是管理者在政治和经济生活中体现出了领导力。

二次世界大战之后的最初数十年在经济环境上出奇的好，有助于社会妥协的达成。在1929经济危机以及对于那些被卷入战火的国家而言更为可怕的第二次世界大战过后，管理资本主义独有的机构、技术和组织性改革所带来的效率提升展现了它的优势。劳动产能以史无前例，却也后无来者的速度增长；购买力和社会保障也相应提升；资本收益的上涨势头一直延续到了20世纪60年代中期。

战后的社会妥协有可能在其他环境下出现吗？至少有一件事是确定的：战后的这一社会秩序并没能阻止这些有利局面的扭转。从20世纪70年代前期开始，产能的增长便出现了后劲不足的迹象，劳动成本则依旧不断上升。到了70年代末，利润率已经开始下降。在由凯恩斯主义主导的经济刺激政策的大背景下，利润和薪水之间的这场赛跑演变成了通货膨胀，牺牲了金融资本收入。

金融从未中断它在经济、政治和意识形态等各条战线上以重夺

第二章 社会变革动因中的斗争和妥协

控制权为目的的斗争。早在二次世界大战之前，它的那些理论家们就提出了一种新型自由主义的基本原则；当时已经有了"新自由主义"这一在战前看来十分模糊的说法（见表框2.1）。在经济危机以及战后管理者与大众阶级之间的妥协解体的背景下，管理者一步步地以现代、高效、自身收入提高等为名投靠金融。在欧美大陆，一系列大型的罢工运动证明了强力抵抗的存在，但没有什么能阻止金融夺回它的权力，实现第二次霸权（即金融复辟）；与此同时，与管理者之间新一轮妥协的实现也不可阻挡，新自由主义社会秩序的大幕就此揭开。

表框 2.1　"新自由主义"一词的提前使用

"新自由主义"一词早在二次世界大战之前就已经被使用，也就是说比真正以它命名的社会新秩序的确立早了40年。[1] 标志性的事件为1938年由法国哲学家路易·鲁吉埃组织的沃尔特·李普曼（美国记者，某畅销书作者）研讨会在巴黎的召开，以及新自由主义革新研究中心的成立。这一中心可以看作是著名的朝圣山学社的前身。后者由哈耶克和威廉·罗普克创办于1947年，是新自由主义意识形态的真正桥头堡，并将在三十多年之后独霸经济领域。当时的中心议题之一就是"极权主义"，这个词既被用来指代纳粹主义，又将苏联和东欧的部分国家纳入其中。最初推动新自由主义的人士出身十分多元。他们当中的有些人曾经在法国和法西斯运动有过合作；其他一些却又参与了抵抗纳粹运动。在哈耶克主义占据上风之前，新自由主义流派汇集了一批推广市场经济（即与专制的计划经济相对）的人物，他们反对单纯回到过去的自由主义模式，而宣扬国家在必要时刻进行干预。我们可以将它与德国式的秩序自由主义相比，后者倡导在经过严格定义的规则内部捍卫经济活动的自由，而不是放任自流。

新自由主义中的第二次金融霸权有两个根本性的特征：一是资本家与管理者的结盟；二是资本主义金融领导力的确立。金融的主导地位通过以下这些方面显露无遗。金融机构居于上层位置，确保了非金融类企业的管理合乎资产所有者的要求，即追求严格意义上的金融收益，体现为慷慨的股东分红和股市的强劲表现[a]。人们所说的"市场"不过是金融机构的这些行为罢了。

新自由主义赋予了金融管理者一种特定的权力。因为后者既是管理者阶级和资本家阶级结盟的关键，又是资产所有者控制其他管理者行为的工具。技术管理者和普通事务管理者并不受这一结盟的直接影响。至于公共管理者，他们通过在国家机关内部的活动融入新的社会秩序，因此他们虽是间接结盟，却也起着重要影响。而在收入分配方面，同样是金融管理者获利最丰。[2] 我们可以将这个最接近金融的管理群体看作是马克思所说的"活跃资本家"的某种变体，介于资产所有者和高级管理者之间。他们与企业大股东之间的关系（而不只是他们与其他管理者之间的关系）是解释他们高收入的唯一方式。此外，高收入也让他们迅速跻身资本家所有者这个大家庭。

这种成熟的新自由主义模式可以被称作"盎格鲁—撒克逊"模式，因为英美在这方面占据着优势。相反，欧洲大陆更注重社会秩序，这突出体现在经济体制上某些沿袭了战后妥协方案的混合特性之上。日本和韩国亦是如此。

---

[a] 与资产所有者对于管理者的主导相关的经济理论，即英文中的委托人—代理人问题理论（在当前语境下为股东—管理者），是现代经济理论中一个已经被深入研究的领域。

第二章　社会变革动因中的斗争和妥协

国家与民主

关于社会秩序的讨论引发了我们对基本国家理论所作的一些解释上的调整，赋予了它更广的外延。国家机关，即政治机构的中心，在每种社会秩序的形成中都扮演了一个关键角色。马克思主义的狭义国家论将后者视为体现统治阶级（资产阶级）权力的机构；但我们更倾向于将国家定义为各种社会秩序独有的统治以及结盟形成的"地方"，当然也是强加相应政策和法规的工具。比如，在战后的社会妥协时期，大众阶级融入国家权力机关推动了社会保障体系的发展以及符合这一妥协精神的经济增长政策的施行。相反，新自由主义则导致资本家阶级和他们的新盟友——管理者阶级，将国家职能部门据为己有。尽管国家将某些职能让予私人机构，但它依然是国内和国际新自由主义改革的推动者，并继续引领着改革的方向。

当今管理资本主义制度下的社会结构呈现出两个上层阶级，即所有者和管理者阶级共存的特征。在前文对于社会化进程的分析中，我们已经提到了资产所有者网络与管理者网络的存在。资本家财产得到金融机构的保驾护航，后者是金融的组成部分之一；高级管理人员则与那些所有者方面的代表汇聚于董事会网络，形成了一个"资产—管理平台"。从我们此处所关心的政治角度来看，必须认识到两者之间的联结织起了一个庞大的管理系统，一个决定经济领域大政方针的"制度性经济中心"。我们可以认为这些机构复制了政治结构，与制度性政治中心之间的沟通桥梁也经由某些个人而建立起来。换句话说，这是一个集合了这两大中心的"两极化"国家结构。

社会妥协的实质决定了与大众阶级之间的联合或多或少地存在，至少表面上是如此。而在除了拉美威权体制之外的新自由主义制度之下，资本家阶级与管理者阶级之间的同盟建立在这些上层阶级内部的民主之上。鉴于战后达成的社会妥协使得大众阶级进入国家权力体系，我们可以说那时的政治制度更加民主（此处取的是民主的本意）。它以"拓宽式民主"的形式呈现，以某种方式将大众阶级纳入其中。

有两类原因解释这种"拓宽式民主"在新自由主义当中的衰败。第一类与该社会秩序本身的性质有关。传统意义上的左派政党，如法国的社会党，渐渐向管理者与资本家结盟的立场看齐。当然，它们之间也不是完全没有分歧，因为这些政党内部本身也存在着左翼和右翼。而大众阶级手中就只剩下投票惩罚这一招了，因为真正意义上的轮替执政并不存在。导致"拓宽式民主"在新自由主义中沉寂的第二类原因在于一种机构行为方式。如今，国家越来越多的权力都集中在了一些专业机构手中，从而彻底游离于选举之外。比如早已宣布自身独立性的各国央行，它们按照新自由主义的标准确立目标。虽然欧洲议会的权力有所扩大，但欧盟中央部门的行为依然大大脱离政治生活现状，也不受民众施压的影响。类似国际货币基金组织，世贸组织或者世界银行这样的机构依旧向着强加一种新型社会秩序的方向前行。上述这种将重要权力从传统政治部门剥离的做法是新自由主义战略的基石之一。抛开非常特殊的时期（如战后）不谈，大众阶级并没能进入到这些在不同程度上，不同社会秩序中，让上层阶级（资本家与管理者）实行"内部民主"的机构中去。

第二章　社会变革动因中的斗争和妥协

基于左翼或右翼立场的结盟：领导权，以及社会主义与新管理资本主义

战后社会妥协方案与新自由主义各自的定义中都包含了两个方面的特征：一是通过结盟展开合作，二是领导权。战后妥协时期出现了管理者阶级与大众阶级的联合，一种"左翼"意义上的结盟。而新自由主义则表现为资本家与管理者之间的联合，即"右翼"意义上的结盟。同时，我们还有必要说明究竟是哪个阶级掌握着领导权：在战后妥协时期是管理者；在新自由主义时期则是资本家（金融势力的代表）。

管理资本主义体制下的这种权力组合和阶级同盟为其他秩序构建的出现提供了参照。虽然我们很难想象平民和资本家结盟，但在每个联盟内部，还是可以通过领导权的对调设想可供选择的其他方案，进而着手设计一些尚处于虚拟阶段，但具备很大潜力的社会秩序。比如在基于左翼立场的结盟形式中，在照顾到管理者阶级的某些利益的前提下，大众阶级掌握领导权将是对"社会主义"的真正定义。

在基于右翼立场的结盟形式内部，也存在着类似的对调可能：即由管理者阶级来掌握资本家和管理者联盟的领导权。管理者将拥有在管理和政治领域内的独立性；与新自由主义的主张相反，经济活动将得到中央的强势引导；资本家的权力和收入则将受到限制。在照顾到资本家阶级的某些利益的前提下，管理者享有领导权将是对于管理主义路线的定义。我们将这一可能会替代新自由主义的社会秩序称为"新管理资本主义"。"新"这个前缀强调了回归管理者掌权的战后时期；正如"新自由主义"一词中的"新"指的是金融霸权被赋予"自由主义"特色之后的重建。

新管理资本主义的这些逻辑已经在当今一些社会中得以实现。我们可以在政策施行和收入构成上观察到。辅以各种额外收益的高薪资成为今天上层阶级收入中最大的一部分。在美国，它占到了那些最高收入家庭（处在95%—100%分位之间的人）收入的71%，剩余的29%则来自于房产、股息、利息和租金。

生产关系和社会秩序：一对互逆关系

在对本章内容做出总结之前，我们应当研究前一章所讨论的资本主义生产关系的"结构性"转变以及它可能实现的自我超越，与这一章所讲述的一连串斗争和社会秩序更迭（我们称之为"政治性"）之间的各种联系纽带。二者之间是互相作用的关系。

从结构性到政治性，生产关系的转化改变了对峙对象的身份和行为。于是，从传统资本主义到管理资本主义所经历的两极阶级结构向三极结构的过渡带来了以下主要结果：管理者在政治和经济上扮演了越来越重要的角色。当街头上演阶级斗争的大场面之时，他们并没有身处一线，而是在企业、行政部门和政党的高层位置发号施令，在那里，他们以自己的方式影响着历史的进程。

而在反方向，即从政治性到结构性，我们受到的启发则最为丰富。一切社会秩序的背景中，必然存在着社会化—组织化这一动因，但战后的社会妥协潜在地主导了结构的转型。它以最及时且政治上可见的方式推动了对于资本主义所有制的超越，同时也激发了自由派的怒火。大家可以将这一妥协方案解读为第一次这样的超越。它证明了社会和经济都可以摆脱金融至上的局面。没有任何线索告诉我们一定要依据股市表现这一单一标准来治理企业，利润也

第二章　社会变革动因中的斗争和妥协

并非一定要集中在金融机构手中。战后的妥协正是如此一步一步地扭转了资本主义本来的运行机制，从而开启了它的自我超越阶段。如果没有那场新自由主义反革命的话，这将成为迈向新型生产关系确立之路的关键一步。

生产关系的转变也是新自由主义向新管理资本主义过渡过程中的重要议题。新自由主义试图减慢我们社会和经济超越资本主义特征的步伐。而对于新管理资本主义而言，由于无法停止历史向着超越资本主义的方向过渡，它的当务之急就变成了在这一进程中照顾到资本家们的利益，为他们打通适应新型生产关系之路。管理主义的逻辑已经完全确立了，只是它的实现依然离不开资本家阶级。这段爱情故事已经背着大众阶级在社会顶层上演。

大分化

一边是有望引领资本主义所有制自我超越的一些大趋势，另一边是与各种社会秩序有着天然联系的阶级力量对比所构成的动因，两者之间存在的互逆关系，即上文刚刚提及的内容，政治意义相当重大。在这对关系中，也融入了基本趋势决定论和阶级斗争结果的偶然性。

管理者作用的历史性提高作为一种结构性趋势是不可避免的，但它却有可能以非常不同的模式呈现。对其进行组织和协调的方式有很多。主导它潜在取向的恰恰是政治上的对决。正因如此，我们将指出两条不同的道路，描绘一种被我们称作"大分化"的局面：一条路可能从长远意义上通往阶级关系的消亡，另一条路则在于令其长盛不衰。接下来的七个论断对于这一基本分析框架作了一个粗

大分化——正在走向终结的新自由主义

线条的概括：

1. 资本主义不是历史的终结。超越它是计划中的事。生产关系和阶级结构的逐步转化便是明证。

2. 潜在的种种趋势本能地促进了管理者们的成长。后者构成了一个完整的社会阶级，而不是雇员阶级的上层部分或者资本家当中的一个类别。

3. 组织化、社会化的进步和社会保障的提升，社会上最大部分人群的解放之间并不一定保持同步。

4. 战后的几十年当中，与大众阶级结盟的管理者们在资本家阶级面前的成长呈现为两种政治形式：即革命形式和渐进形式。但面对资本家阶级的反扑，这两条道路最终都因为自身的矛盾性而归于失败。

5. 其中的主要矛盾表现为管理者阶级的机会主义心态。他们自身的社会地位决定了两种可能的结盟方案。一种是基于右翼立场上和资本家阶级结盟，另一种是基于左翼立场上与大众阶级的结盟。革命道路和渐进道路的双双失败在作为阶级存在的管理者身上留下了深深的烙印，让他们远离了大众阶级，牺牲了他们自己以主导者身份摆脱资本主义发展动因的机会。

6. 今后各条路线的共同点是对于超越资本主义的延续。然而，按照结盟取向的不同依然存在着两条道路。第一条是右翼的新管理主义之路；第二条是与大众阶级结盟的左翼之路。阶级斗争，首先是大众阶级的斗争，将最终决定人们在这个大分化路口做出的选择。

7. 最终占据上风的那条道路将决定社会解放的未来。右翼的结盟会使得管理者阶级的统治长盛不衰，并逐步让当下的资本家阶级适应

第二章 社会变革动因中的斗争和妥协

新的社会关系。左翼之路则可能会带来一个对大众阶级而言更美好的世界，直至在"社会主义"（虽然该词承载着历史的重负，并在当代也被使用，但依然应当在此保留）秩序下一步步从根本上消除阶级关系。

本书的讨论范围依然仅限于当下的斗争问题。它将挖掘我们目前面对的分化局面所呈现的各种模式；而非为更远的将来出谋划策。当然，将未来过于严密地加以隔绝也是错误的。我们不能将短期的需求，尤其是走出当下危机的需求，与长远的目标分割开来。历史的进程比我们的想象快得多：对于社会秩序的研究显示，社会演变只需几十年时间。现在决定着未来。

第二部分　战后与新自由主义

第三章 "左翼立场上"的妥协

第一部分对于历史发展的粗线条描绘和第二部分深入细致研究事实的方法相去甚远。构成这一部分的四章内容从战后最初的几十年开始讲起，每一章都做出了相应的贡献。

针对这一历史时期的世界老牌资本主义中心所作的一切粗略了解都会带给我们一种五味杂陈的印象：无论是帝国主义政策和环境破坏的现实，都是与社会进步相悖的。与此同时，却又有一个基于"左翼立场"所达成的妥协方案开始施行。它成形于两次世界大战之间的那段时期，并在大约五十年后被打破。与新自由主义盛行的那几十年相对比，这一方案中的那些最具优势的方面在反差中得以清晰地展现：如社会更趋于平等，金融开始为经济增长而服务，管理者们的工作变得相对独立起来，各个国家开始提供社会保障。

收入与资产：一个更平等的社会

收入差距是不同社会秩序之间差异的绝佳指标。20世纪初属于资产阶级的"美好时代"曾是一个存在着许多重大不平等的社会。这些不平等在二次世界大战后实现左翼妥协方案的背景下大大减少，却又在新自由主义时期死灰复燃,且不平等的程度更是超过了第一次金融霸权时期。

在这一方面,由于托马斯·皮克凯蒂(Thomas Piketty)和伊曼纽尔·赛斯(Emmanuel Saez)的研究而受到关注的税收数据成为如今不可避免的参考对象,[1] 我们也大量地使用了。[2] 据这些数据显示,从一次世界大战到1929年危机这段时间内,美国收入最高的1%的家庭平均集中了该国全部人口收入的17%。而二次世界大战结束后,这一比例则在10%左右徘徊,收入集中在顶层人口的局面有明显改善。这一历史现象最有趣的特征之一在于这个降低之后的比例一直保持到了20世纪70年代末,也就是说它在实现战后社会妥协的这段时间内保持了稳定。然而,从20世纪80年代开始,一种新的收入集中趋势又快速出现。根据税收数据显示,短短二十年间,收入差距就超过了1929年之前。更何况这些数据还有所偏颇,因为在新自由主义体制下,一部分的高收入被转移到了那些避税天堂。这一局势的扭转可谓上层阶级一次真正的"壮举"。此外,收入差距也意味着财产不均。后者更难理清,但趋势是一致的。

在新自由主义体制下,管理和政策都以股市表现的最大化为导向。据这方面所作的调查显示,情况十分惊人。在修正了物价指数上涨的前提下,我们发现从20世纪60年代初至20世纪70年代初,纽约的股市下跌了近一半。而如果比较1966年至1973年、2010年至2013年这两段时间,就会发现股市翻了三倍。因此,当下的危机远远没有消磨掉这些剩余价值,股市的分红就证明了这一"了不起的成就"。

战后曾经历过的薪金(按物价上涨作了修正)购买力上涨被新自由主义的到来改成了停滞,部分行业员工的薪资购买力甚至下跌了。在美国,大部分雇员被称为"制造工人"(比例为82%,剩余的18%为高级雇员)。在抵消了消费价格指数增长的前提下,他们的周薪在

第三章 "左翼立场上"的妥协

1948年至1972年间涨了58%；而从1972年至2012年，则下跌了14%。在图3.1中，我们区分了一个比上文提到的18%更窄的收入人群：那就是美国薪水最高的5%人口（对应的是剩下的95%）。我们发现，这两个人群在战后的收入呈现同步增长的趋势，差距保持稳定。而从20世纪70年代开始，收入等级体系就向着有利于高收入人群的方向出现了大幅改动。从1971年至2011年，最富有的5%和剩余的95%的人群之间的收入差从3.5倍变成了7倍。

在世界的其他地方，也可以观察到类似的发展趋势。以法国为例，薪资上涨率也从20世纪80年代开始明显放缓；而对于某些行业而言，购买力甚至有所下降。收入差距上涨来得比美国更晚（1968年的五月风暴遏制了最初的涨势），也远不如美国那么明显；但这一趋势从20世纪90年代后期开始颠倒了过来。[3] 在拉丁美洲，这些变化则更为惊人。从20世纪50年代到20世纪70年代中期，那里的购买力翻了两到三倍。而在新自由主义时期，则时不时地出现了绝对的下跌，如图3.2所展示的阿根廷和墨西哥的状况。这种衰退持续了三十多年。

没有一种比例分配，包括上述的18%或5%，能准确地区分管理者和其他雇员，但这些数据依然具备参照意义。薪水等级体系的改变体现了新自由主义体制下的社会联盟出现了高级管理者这个新的极点，美国是始作俑者。总的说来，无论是财产收入还是薪水，这些演变都说明了新自由主义的阶级实质，它的目标，以及资本家阶级作为高级管理者们的盟友在其间所起的领导作用（而这些高级管理者事实上是新自由主义的主要成就者和受益者）。

服务于经济增长的金融业

新自由主义的另一个重要特征就是它赋予金融业的角色，以及后

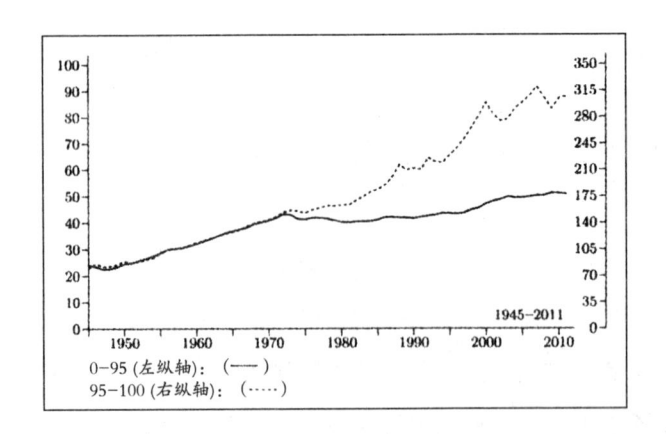

图 3.1 依据收入水平得出的两个收入人群年均购买力（按照 2011 年的千美元计算）：美国

左纵轴：收入最低的 95% 人群的平均购买力。

右纵轴：收入最高的 5% 人群的平均购买力。

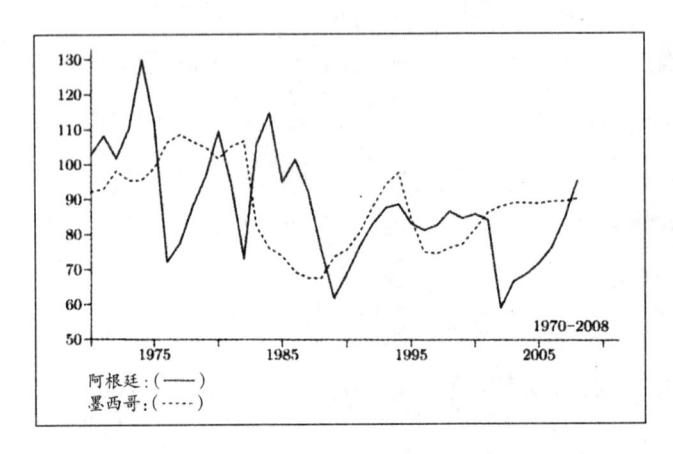

图 3.2 计时薪水购买力（20 世纪 70 年代平均值 = 100）：阿根廷与墨西哥

第三章 "左翼立场上"的妥协

者与企业管理者和国家之间的关系。从20世纪80年代起，"金融化"进程开始加速，带来了有利于金融业的权力和利益的集中化。从一套完备的新自由主义体制的典型架构来看，金融业作为资本家手中的工具逐步在行业等级体系中占据了高位。

在此，我们有必要回溯过去以求理解这一变化的影响范围。1929年之后，金融业被认为是经济危机的罪魁祸首。以美国为例，这一"判决"开启了一系列重要的规范化措施，试图约束金融活动：尤其是存款保险的建立，商业银行和商人银行分离（禁止银行使用客户的钱进行投机活动），利率和证券发行的规范化等等。在这些措施实现的基础上，还成立了一些以确保家庭房屋贷款还款为目的的从属于公共部门的机构。这个机构框架在二战结束后依然存在，决定了战后时期经济的一些主要特征。而在世界其他地区，对于金融业的惩罚则来得更重。它表现为银行国有化的大潮和大量公共及附属于公共部门的金融机构的成长。这些改革都雄心勃勃。它的目的不只在于结束那些危险的金融行为，而是要让这个行业成为一个更庞大经济机制的支柱之一，转而服务于经济增长和充分就业。

法国的例子在这一时期所采取的种种极端措施之中有着代表意义。在国有化方面，"人民阵线"的动作比预期来得小。法兰西银行和另外四大银行直到1945年才收归国有。到了1946年春天，则轮到了11家主要的保险公司。20世纪80年代，尽管新自由主义已经上位，这一国有化的浪潮却在1981年密特朗当选总统之后汹涌依旧。至于这一创举接下来的命运，我们已经知晓。战后法国经济的增长正是在这样一个金融体系服务于企业和家庭，并受到公共部门严格监管的背景下实现的。企业的投资在很大程度上通过信贷完成。

在战后的德国和日本，金融业和制造业之间是一种相对平等的关系。二者之间的协调以促进工业快速增长为目标。在德国，每一个具备一定规模的企业都与一家特定的银行相连，这家"家庭银行"（德语为"hausbank"）直接介入企业的注资和管理。在日本，金融机构则加入一个与经连会（意为企业联盟，日语为"keiretsus"）密切关联的机构。管理者在这一机构中位高权重，通常一生为之服务；他们同时也与行政部门的同事之间保持了有力的合作。这一体系撑起了战后日本不可思议的工业化大潮。[4]

企业内部：管理者掌权与雇工联盟

在战后的国营行业内，资本所有者的需求很少，甚至完全没有得到照顾。管理者们按照销售增长、市场扩张和技术进步的标准来管理企业。当然，向股东分红是必需的，但这并不是唯一的目标。在大企业的高管眼中，国家和合作伙伴中的其他员工在重要性上至少是相同的。[5] 这一管理模式依赖的是资本互持的网络，也就是说企业之间互为股东。董事会成员横跨多个企业，分享他们的经验，确定共同战略。与私人资本之间的联系因此松了下来。

这一类型的管理网络在企业联盟系统内（该系统的基础是企业之间相互参与到差异性很大的业务中去）定义了美国经济。奇怪的是，正是在这个我们可能会认为上述特征不明显的国家，出现了管理资本主义和"技术架构"[a]的种种理论，[6] 略显急切地宣告了资本家权力的黄昏。

属于战后社会妥协方案的这些动因在德国身上得到了很好的体现。后者的体系有时被称为"莱茵资本主义"。然而，当今德国模式的特征之一就在于这些机构在新自由主义时期依然存在，只是运转方式发

---

a technostructure，美国经济学家加尔布雷斯（John Kenneth Galbraith）的重要理论之一。——译者注

第三章 "左翼立场上"的妥协

生了改变。就管理者和其他员工之间的关系而言，需要强调的是有三个机构介入了这个共同决策体系：股东大会、董事会和监事会。而监事会又决定了这一体系的特殊性。在大企业中，它由股东代表和企业雇工代表（依据企业规模大小占三分之一或者一半的席位）构成。监事会的成员不仅需要考虑到企业利益，也要兼顾员工利益，甚至其他一些更基本的利益。我们可以发现类似的组织也存在于瑞典，这个国家在1976年投票通过了共同决策法。然而，在上述这些体系中，管理者的组织职能依旧从参与生产的工人的职能中被分离出来。

战后的社会妥协在机构设置和资产属性上也可以通过国有化形式呈现，关于这一点在提到法国金融体系的时候我们已经说过。所有权转移到了公共行政部门，它与私有制之间的纽带被彻底切断。这种模式有利有弊。它给了政府一个施行政策的直接工具。举例来说，金融行业的国有化能让政府权衡投资的模式和方向，因此也就是权衡需求和增长；铁路和能源的国有化也为政府提供了一个具有明显作用的施政工具。但国有化的风险也广为人知，那就是这些大型公共机构与生俱来的官僚主义风险。

一般来说，新自由主义会让这一整套机构体系脱节。它打破的都是居于中心位置的联系：管理者和其他员工之间的纽带，管理者网络和给予了管理者以极大自主性的非金融类企业资产互持网络，国有化进程中行政管理者的特权，以及引领宏观经济政策和工业政策的可能性。与这一支解现象并行的是金融业和非金融业之间等级体系的重建，前者重获了资本主义所有制下的管理职能。当然这一切的实现离不开管理者阶级，只是他们当中从事金融的那部分享有了特权。在大多数情况下，大企业的管理者都不可思议地服务于股东的利益。分红的比例蹿升，也就意味着投入再生产的资金比例下降。更有甚者，一些企业通过回购自己的股票让股价上升，而不是利用这些可支配的资金（贷款和发行股票募得的资金）进行投资。在美国，这一机制的规模很难想象（见表框 3.1）。

表框 3.1　美国非金融类企业的股票回购

下方图 3.3 中的第一个变量将美国非金融类企业的股票净回购（即扣除了新股发行收益之后的回购资金余额）用其占企业固定资产价值的比例表现出来。当变量为正的时候，就说明比起投资而言，这些企业更热衷于回购自己的股票。因此，这是一个消极积累的过程。这一比例的浮动呈现周期性变化（有暴涨有衰退），但如果比较新自由主义时期（企业图利股东）和战后时期（较少通过股票市场集资），就会发现有明显的反差。

第二个变量表现的是新一轮次级贷款（扣除了还款）比例。两个时期反差依旧惊人。在战后的社会妥协时期，企业通过贷款来进行投资；而在新自由主义时期，它们则在大部分情况下利用这些贷款来回购自己的股票，以提升股价，这一现象有愈演愈烈之势。

作为左翼妥协方案实施媒介的政府，以及"大政府"与社会保障

有一个事实令所有人大跌眼镜，那就是新自由主义并没有成功替过去遗留下来的大政府"瘦身"。以美国为例，政府（包括联邦政府、州政府和市政府）公共开支在战后的第一个十年内占国内生产总值的 21%；到了 20 世纪 70 年代，这一比例上升至 29%；20 世纪 90 年代是 32%；2012 年达到了 35%。无论是在美国还是其他国家，我们都可以观察到在新自由主义时期，公共开支的增速下降，但并没有减少。

第三章 "左翼立场上"的妥协

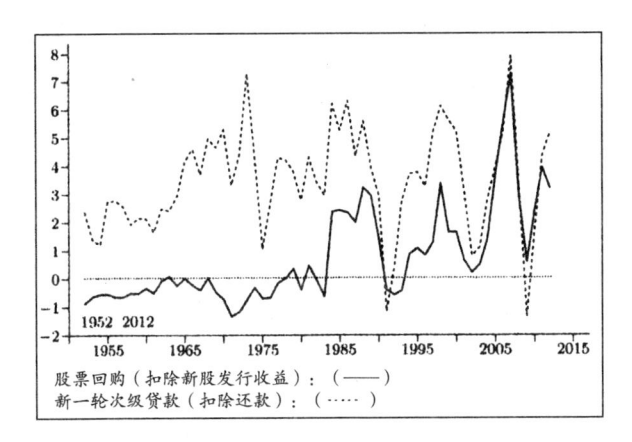

图3.3 股票净回购和新一轮次贷款（占固定资产百分比）：美国非金融类企业

通过削减或者取消国营行业，放弃某些工业政策，政府得以减轻一些自身的负担，但责任依然重大。国家机构的这种持久存在证明了社会化进程的不可逆性。

中央机构负担起社会保障支出是一个意义尤其重大的现象。以法国为例，在20世纪50年代末，社会保障支出占了国内生产总值的大约15%。到了20世纪80年代初，这一比例迅速升到了25%。这体现了战后实施社会妥协方案的影响。在此后的那些年里，增长依旧，只是速度降了下来。由当下危机所导致的额外支出则令这一比例骤升至30%以上。类似的演变在美国也存在，尽管两个国家的机构体系设置并不相同。

国家经济

两种社会秩序之间的一个主要差异在于生产体系的地域定位。在战后的社会妥协时期，生产集中于本土，而新自由主义则将其国际化。

关于这一问题的讨论会涉及几种不同类型的机制：一是对外贸易；二是对外的直接投资；三是通常被称为"波动性"或者"投机性"的其他资本流动，它们有可能对经济造成严重影响；四是全球性的金融机构。

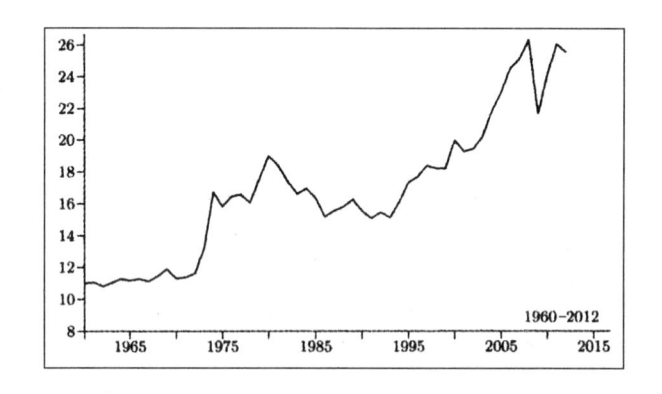

图 3.4 全球出口（占全球生产总值的百分比）

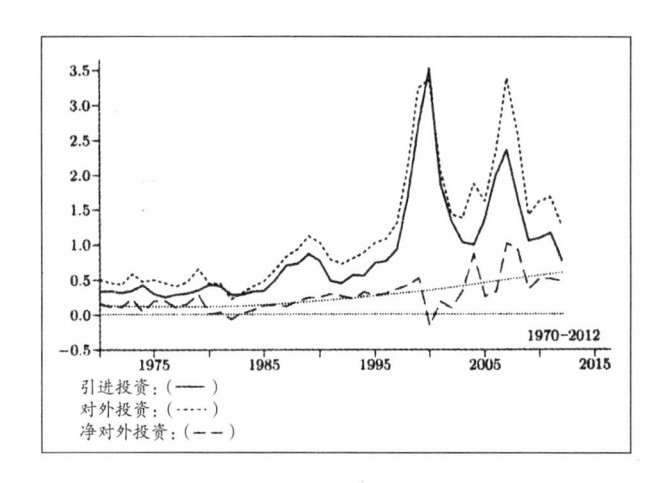

图 3.5 直接投资量（占全球生产总值的百分比）

第三章 "左翼立场上"的妥协

图3.4的变量表达了世界上所有国家的总出口量（等于总进口量）。它简单明了地体现了国际贸易的增长。从第二次世界大战到20世纪70年代初，这一比例稳定在11.5%左右；之后的突然上扬源于石油价格的上涨。最后，我们还可以观察到从20世纪90年代到2008年次贷危机这段时间内对外贸易的蹿升。类似的局面在图3.5中也得到了体现。后者涉及的是一众联合国认定的"发达国家"在外国的直接投资。"直接投资"与"股份投资"相反，它意味着投资者将拥有一家外国公司或者成立一家分公司，并成为其大股东。1985年前，这类投资每年的金额占全球生产总值的比例在0.5%上下波动。到了该图统计时间段的末尾，这一比例翻了将近两到三倍，且分别在20世纪90年代末和2008年危机前夕达到顶峰。相比于对外贸易在全球生产总值中的比重，对外直接投资的比重较小。但我们必须认识到：这些外流资本以存量的形式年复一年不断累加。从20世纪80年代中期开始的净对外投资增长在图中也有描述。

第四章　延续与断裂

前一章阐明了赋予战后欧美各国社会与经济上左翼社会妥协特征的种种共同因素。尽管资产所有者依然存在，但这一妥协方案可以理解为管理者阶级与大众阶级事实上的结盟。社会差距小了，金融开始为经济增长服务，企业管理与资产所有者的需求之间保持了一定距离，国家变得强势并承诺实行社会保障，经济活动也还是集中在本国境内。所有这些都与新自由主义社会秩序形成了鲜明的反差。

当我们需要区分不同社会秩序之时，会本能地想到政府，并同时定义它的各种范式。比如在两次世界大战之间的这段时间，我们从罗斯福新政和莱昂·布鲁姆（Léon Blum）的"人民阵线"中看到了左翼立场上的社会妥协方案。至于新自由主义，则始于1979年撒切尔夫人以及1981年里根总统的上台。在法国，这一改变体现为1983年密特朗执政理念的转向。不过，我们不能就此断言社会秩序的更迭取决于总统选举或者议会中新的多数派力量的形成。政党的轮替，尤其是那些自称左翼或者右翼的政府的轮替，也可能只作为影响力极小的动因而存在。

社会秩序的出现和消失是极为复杂的过程。这一过程中有危机，

第四章 延续与断裂

有前行,有倒退,也有着一些混合特性。在丰富的社会秩序可能性当中,我们将重点讨论两种形式。第一种联系了工人运动中的改革派和战后社会妥协方案。两者的关联程度因国家不同而有所变化。战后初期的几十年延续了社会主义的这一分支。第二种形式与极具欺骗性的全球化进程和美国的霸主心态有关,后者作为战后社会发展动因的一部分谋划了新自由主义革命。

沿着工人运动轨迹前行的社会妥协方案

战后的社会妥协起初并没有一个明确的、定义了其走向的方案。在欧洲,它承袭的是工人运动开启的改革之路。以法国为例,转折点出现在极其短暂的"人民阵线"时期（1936—1938年）。莱昂·布鲁姆宣称这一阵线不代表"无产阶级"派的胜利,它的基石是非革命派的中产阶级,这意味着它的取向是"社会民主派",以约束的形式保留了资本主义所有制。除了最早开展的一些国有化运动,"人民阵线"还实行了其他重要社会改革：包括了带薪假期、一周40小时工作制、集体谈判等等。这些制度在战后依然存在,甚至得到了扩展。因此,我们将其视为法国战后社会妥协的源头：即国有行业的出现,一套发挥指示作用但却实实在在的规划的存在,以及一系列野心勃勃的社会改革。

最初将资本家阶级（即老板们）和工人阶级对立的那个词是工人运动。它是法国战后社会妥协的特有形式。作为一种社会力量,它以斗争催生了变革。但大众阶级并没有掌握权力。在1929年经济危机和战争的背景下,行政系统的管理者大范围介入,金融业受到了削弱。作为主导决策的一方,公共部门和私人企业的管理者们成为了这条最初由他人开启的社会妥协之路的领导者。

大分化——正在走向终结的新自由主义

战后最初几十年的法国经济被称为"混合经济",国有和私人并存并重。混合经济勉强接受了生产手段私有,但对其进行了一些限制。这种经济同时是"社会性"的经济,是社会主义解放计划的延续。有些理论家甚至预言资本主义和社会主义体系将由此趋于统一。

无论是在法国还是在其他国家,这些动因同时也是凯恩斯主义的一个特有元素。此处我们所说的是广义上的凯恩斯主义,它包含了上述的那些概念:如混合社会性经济、社会民主等等;但从技术上说,或者从它的本义出发,凯恩斯主义着眼的只是宏观经济政策,对生产水平和生产波动,以及对失业率的控制。生产和投资的决定权依然掌握在企业手中,也就是说资产所有者和管理者手中(两者权力相互制衡),战后的根本局势正是如此。

在这一系列转变当中,瑞典的地位具有象征意义。代表瑞典工人的社会民主党[a]在1932年上台,一直执政到1976年。瑞典工会联盟[b]是这一体系的重要组成部分。从狭义上说,"社会民主"可以理解为一个大的左翼政党与一个大工会之间的合作。瑞典的社会民主体制体现为工人执政,后者继承了渐进主义的路线,目的是在不让社会发展脉络突然断裂的前提下最终实现社会主义。在这个国家,社会妥协通过文本这一特殊的方式呈现,那就是1938年由工会和雇主工会共同签署的《萨尔茨约巴登协议》(l'Accord de Saltsjöbaden)。在这份文件中占据中心位置的就是涉及社会保障和收入再分配的凯恩斯主义国家宏观经济政策。[1]

工人运动带来的影响也可以更细微,以建立或者扩展社会保障体系的形式出现。以英国为例,战后的头几个十年是在"贝弗里奇报

---

a 瑞典语为"Socialdemokratiska Arbetarparti"。
b 瑞典语为"Landsorganisationen"。

第四章 延续与断裂

告"基础上实现福利国家政策的时期。而在德国，随着左翼力量被纳粹消灭，以及国家分裂的背景下，各个阶级之间的合作无论在意识形态上还是在实际操作中都成为了必然；并伴随着一系列在"社会主义市场经济"模式下的社会改革方案的施行。

美国的情况也有所不同。在这个国家，工人运动最极端的那些支流在第一次世界大战期间遭遇挫败。而二战结束之后，在麦卡锡主义指导下，针对共产党人的"猎巫"行动更是无情地对其造成了打击。然而，与欧洲一样，工人运动的影子和苏联的迅速崛起笼罩了两次世界大战之间这段时期。这也是罗斯福对局势的理解，因此他寻求工会和大众阶级的支持，实行了"罗斯福新政"。这一选举联盟一直维系到了20世纪60年代，促进了一系列社会改革方案的发展。因此，1929年危机之后在这个国家所确立的社会秩序可以被略微夸大地形容为"社会民主"秩序。

国际关系的缺口

在认识到阶级统治和结盟的重要性的同时，我们也不应忽略国与国之间的等级关系。从这个角度出发，社会秩序的更迭并没有带来改朝换代。因为无论是在战后的社会妥协时期，还是在新自由主义背景下，都存在着保住并加强美国国际霸主地位的愿望。这一愿望在二战后新社会秩序的衰弱过程中起了重要作用，打开了一个缺口，让法国堕入深渊。

于1944年二战行将结束之时签署的布雷顿森林协定决定了新的全球国际关系。签署这一协定的两位主角是美国代表团的亨利·迪克特·怀特和英国代表团的约翰·梅纳德·凯恩斯。协定的主要内容包括了形成可调整的固定汇率体制，方便外汇储备下降的国家实施借贷，成立国际货币基金组织以统领新的全球经济秩序。此外，这一系列协议还考虑到了每个国家限制资本国际流动的可能性。至少在法国，后者体现为外汇管制（见表框4.1）。在凯恩斯眼中，这是执行宏观经济政策的必要条件。他同时希望创立一种国际货币"班柯"。但这一计划在美国的施压下被迫作罢。美国认为国际货币这一角色应当由"与黄金一样好"的美元来承担。美国以及美国的金融业和跨国企业由此得到了一系列的好处。

表框4.1 外汇管制：资本自由流动的反面

如其名称所示，外汇管制旨在规范外汇交易行为。它意味着本国境内禁止持有或使用外汇；所收到外汇需兑换成本国货币；需要使用外汇需提出申请；兑换业务只能由政府授权的机构展开。

第一次世界大战之后，法国临时性地实施外汇管制。1938年至1984年间，它被再次引入，直至1989年才被彻底取消，中途只在1967年至1968年间出现中断。外汇管制体系约束了所有交易行为，尤其是涉及对外贸易的支付、收益的发放（如利息的支付与收取）、资本流通（如对外直接投资），甚至出境旅游需要的外汇也在管制范围之内。因此，当年法国的外汇管制范围比资本流动管制范围宽了许多。

美国的统治倾向也反映在其他方面，首当其冲的就是1948年成立的，旨在管理马歇尔计划资金的欧洲经济合作组织。1961年，它更名为经济发展与合作组织。到了20世纪80年代，通过资本流动自由化法案，这个机构成为了新自由主义的主要推手。

从国际贸易角度来说，新自由主义时期和战后时期在贸易水平和

第四章　延续与断裂

自由度上截然相反。但自由贸易在二战刚一结束就已经被定义为一个主要目标了。因为在当时的国际秩序下，那些最发达的国家一方面大量出口工业产品，另一方面大量进口原材料和农产品；而关税和配额这样的贸易保护措施违背了那些正要走出国门征服世界的大企业。拉丁美洲国家在这方面很具代表性。在1929年危机之前，这些国家按照当时的"社会劳动分工"出口它们的农产品和原材料，并进口工业产品。随着"大萧条"的到来，贸易平衡被打破。二战后，它们当中的一些国家依靠着旨在取代进口的保护主义政策，即鼓励生产本土化，而实现了经济的快速增长。这一政策一直延续到了反保护主义斗争加剧的20世纪70年代。这一斗争在二战刚一结束就已经以《关税及贸易总协定》的形式出现，后者就是"世界贸易组织"的前身。从1947年的首轮谈判开始，这一协定的达成一共经历了九轮大型谈判，其中七轮发生在新自由主义时代到来之前。因此，国际贸易的自由化打开了新自由主义全球化之路。

在金融领域，从20世纪50年代末开始，以纽约—伦敦为中心，在国际范围内出现了一股新的动力，正是它带来了金融势力的复苏。为它提供发展土壤的是所谓的"欧洲市场"，这个词被用来指代以实体或者虚拟的形式出现在境外的各大银行的交易活动。借1957年国际支付危机的契机，这一动力在伦敦得到了初步的发展；而美国的大银行则就此逃脱了约束（即设立中央银行储备金，设置利率上限）。这些"欧洲市场"很快成为了主导贸易和国际业务的核心工具。本应当对这一发展势头有所警惕的美国政府，在这个时候关心的却是美元在境外的累积。它将"欧洲市场"视为稳定这些境外美元的手段。国际金融机构这些新举措的发展渐渐让资本流动控制变得艰难起来。而自由贸易、资本自由流动，以及国际私营金融机构的重建这三者之间则

大分化——正在走向终结的新自由主义

形成了互补关系。

只要美国的贸易杠杆保持平衡，布雷顿森林协定就会一直主导世界经济。各国货币的汇率调整表现为它们相对于美元的下调或上扬。但这一做法到了20世纪60年代末遇到了困难。因为美国希望让它自己的货币贬值，或者更确切地说，美国想让它的贸易伙伴们给各自的货币升值。面对一触即发的危机，大家纷纷将美元换成黄金或者其他货币，这导致了1971年8月暂停美元兑换黄金的决定。布雷顿森林体系由此遭到抛弃，取而代之的是浮动汇率制。美元从此与黄金脱钩。1973年的总统经济报告对这一新体系作了定义，指出应当解放资本的国际流动。美联储曾对此提出过反对，但也不了了之。事实上，美元危机之后，针对布雷顿森林体系所做的改革原本可以延续最初以稳定金融为目的的路线；然而新自由主义的力量依然从中找到了突破口。货币汇率依据市场（也就是在各大型金融机构的国际交易中）实行浮动制这一决定在1973年正式生效。次年，美国开始迈向资本流动自由化，英国则在1979年跟进。[a] 金融（既是阶级又是机构）再次成为全球经济的支柱；其从战后开始的二次征服过程也就此以胜利告终。

战后妥协的解体

在全球金融重建的同时，20世纪70年代经济危机的最初征兆也在美国开始显现。当时，全球化—金融化的逻辑已经带着一种独特的活力在英国和美国这两大盎格鲁—撒克逊国家得以确立。前者的工业霸主地位早已不复存在；但直到20世纪初，伦敦依然是全球金融中心。此时的英国正想借此机会恢复自己的金融基地地位。而美国在成

---

[a] 美国对资本外流进行了限制。限制所采取的其中一个手段是征收"利益平衡税"，以降低对外金融投资的回报率。

为世界工业和金融巨头之后，则在金融打开的国际缺口里越陷越深。战后妥协方案就此在世界各地纷纷破裂。以法国为例，企业的管理者们终于也没能抵抗全球化的诱惑。在政治层面，这一逻辑也得到了法国各大政党的领袖们的认同，包括社会党，他们都把与金融化并行的全球化视为现代性的体现：而法国应当作为大国跻身于全球化社会之列。[2] 历史的转折点出现在 20 世纪 80 年代初：由于没能得到持续的革新，社会妥协方案从此一蹶不振。

第五章 从"1979年突变"到"2008年危机"

新自由主义有着自己的一段历史。从拉丁美洲的威权政治（尤其是1973年智利的皮诺切特政府和1976年阿根廷的魏地拉政府），到1979年撒切尔和1981年里根的当选，这一进程的目的很明确，那就是确立一种新型社会秩序并将其最大可能地推广到其他国家。与这一发展动因分不开的，是美国在国际舞台上保持并扩大其统治优势的野心。它希望看到的是一种建立在美国霸权基础上的新自由主义。

"1979年突变"和20世纪80年代的放松管制，以及边缘的债务危机和中心的金融危机

在美国，通过提高利率来减缓通货膨胀（当膨胀率超过10%）的决定由美联储前主席保罗·沃尔克在1979年做出，也就是说在里根上台之前。[1]从经济层面来说，这一决定象征了这个国家进入了一种新型的社会秩序。因为它反映的正是新自由主义的逻辑：通货膨胀让债券贬值，而当时的金融收益则处于谷底。考虑了通货膨胀因素后，从20世纪50年代开始，实际利率一直在2%到3%之间徘徊，

第五章 从"1979年突变"到"2008年危机"

1975年时甚至为负数。经过了1979年的提升后,对于股市表现最好的公司所发放的十年贷款在整个20世纪80年代的利率平均值为6.6%,而30年期抵押贷款的利率则达到了7.9%。伴随着这一决定的是一整套的改革。改革中的某些部分,如增强美联储在货币政策实施中的权力,体现了遏制物价上涨的愿望;其他则与放松管制的基本背景相关。

"1979年突变"战胜了通货膨胀,也造成了惨重的后果。其中最可怕的影响就是第三世界国家的债务问题。这些国家对于国际投资的依赖从20世纪70年代开始加深,而那时的利率虽然不高,却是可以调整的,这给贷款者带来了相当大的风险。对于短期债务所进行的越来越多的拆分就已经反映了局势的恶化。到了20世纪80年代初,这些国家陪着美国一起进入了经济衰退期。由于利率的提高,墨西哥从1982年开始宣布无力偿还,其他国家也相继效仿这一做法。在拉丁美洲,大家有时将20世纪80年代称为"失去的十年"。

利率的上升与美国的放松管制政策一起,引发了一场大型的金融危机。[2]20世纪80年代末,美国14,500家银行中的3,400家,1,400家储蓄与贷款协会中的1,200家,或破产,或依靠紧急财政援助存活。由于害怕1932年至1933年间的萧条再现,当局被迫强势介入。但美国并不是危机的唯一受害者,在放松金融管制的大背景下,斯堪的纳维亚各国也遭遇了一场银行危机。比如20世纪90年代初,芬兰就动用了相当于其国内生产总值8%的资金来拯救它的银行系统。

新自由主义下的出口大潮与 20 世纪 90 年代的危机

在拉丁美洲，除了社会政治上的威权局面和员工购买力的下降，某些边缘国家的新自由主义进程还伴随着一系列剧烈的危机，让人民饱受痛苦。第一个危机袭击的是 1994 年至 1995 年间的墨西哥。经历了 20 世纪 80 年代严重的通货膨胀后，这个国家采取了被国际货币基金组织形容为具有代表性的新自由主义政策：即削减预算赤字，实行私营化，放松管制等等。除此之外，还有面向国际的经济转向，它的标志是 1992 签订的"北美自由贸易协定"。后者从 1994 年起将墨西哥经济与美国和加拿大经济挂钩，这给墨西哥带来了灾难性的后果。这一时期的特征是对外贸易赤字，同时伴随着国际资本由于担心墨西哥货币贬值而撤离的威胁。1994 年，墨西哥经济急转直下。危机导致了贫困加剧，大量农民逃离农村，社会脱节，无望回归过去。这一系列变化的灾难性后果我们都不陌生：那就是贩毒和腐败的抬头。

从 1997 年 7 月开始，类似的危机也席卷了众多东南亚国家和地区：泰国、菲律宾、马来西亚、印度尼西亚、韩国、新加坡、中国的台湾和香港地区。随后被波及的则是一些新崛起的国家：俄罗斯、阿根廷、印度和巴西。阿根廷的危机尤其惨烈，也最能反映新自由主义扩张的进程。这个国家在 20 世纪 90 年代的主要特征就是资本家阶级与中央政府的霸权行为同流合污。这导致了国营工业的对外出售以及对美的投资。政府将比索与美元的兑换率固定为较高的 1:1，从而放弃了一切主动的宏观调控。这一机制在 2001 年破产，引发了危机以及严重的社会冲突。

第五章 从"1979年突变"到"2008年危机"

日本经济的新自由化转型也很有教育意义。日本经济最初并没怎么受到"1979年突变"的影响,尽管这个国家的汇率和世界其他地方一样提升。转变出现在了20世纪80年代后期,原因有两个:一是非金融类企业的融资从银行借贷转向金融市场融资(通过发行债券和股票);二是企业的管理模式转为替新自由主义目标服务。金融市场的泡沫随即产生。尽管有着强势的出口作支撑,日本经济依然变得不稳定起来,增长率也大幅下跌。

20世纪90年代后期:美国统治下的新自由主义神话

美国经济在20世纪80年代的表现乏善可陈:这个十年最终以金融机构危机和1990年的衰退而告终,虽然说收缩程度不深,但却具有持续性。在这一背景下,新自由主义的扩张本有可能出现妥协。然而,一场新的运动却带来了决定性的影响:那就是20世纪90年代后期新技术产业的蓬勃发展。这场最初以美国(比尔·克林顿有幸在1993年1月到2001年1月之间主政白宫,他的任期恰恰赶上了美国经济的这段繁荣时期)为中心的运动,成就了美国本土罕见的投资热潮。国内生产总值的增长率连续几年达到了4%。政府的预算出现了盈余;股市(尤其是创新企业所在的纳斯达克市场)也大涨。

经济学家们纷纷惊叹于美国统治下的新自由主义所创造的这个神话。而事实上,在美国经济持续走高的同时,边缘国家却反复出现了危机,日本经济也停滞不前,两者之间反差惊人。尽管如此,其他国家依然只能选择跟随世界领袖为它们开启的通往巅峰之路。可惜的是科技产业的发展在2000年突然停止。美国经济陷入倒退,股市也经历了自新自由主义初期以来的第一次崩盘，打断了它匪夷所思的上升之路。

总的说来，20世纪90年代后期美国的重新繁荣如同烟幕，掩盖了经济潜在的真实走势。2000年到2001年的危机最终让世界意识到20世纪八九十年代很多国家经济的粗暴和乏善可陈。一些对于现状的怀疑和抵制也随之出现。

全球化扩张继续，新自由主义的全球扩张受到质疑

来自于某些发达国家的新自由主义加速了全球化的步伐，使得许多国家更好地融入了世界经济，但这通常也都是在饱受折磨之后。这些国家尤其享受到了生产向劳动成本低廉地区转移，以及出售原材料（对于那些拥有原材料的国家而言）所带来的好处。

然而，也有一部分国家选择与新自由主义以及强权国家保持距离：它们是厄瓜多尔、玻利维亚、委内瑞拉；或许还可以算上阿根廷和巴西。2005年，美国让美洲大陆承受与先前的墨西哥相同命运的计划破产。这一年在阿根廷马德普拉塔举行的美洲峰会上，乔治·沃克·布什提出的建立美洲贸易自由区的计划遭到了反对。2006年，一些边缘国家也集体反对旨在扩大贸易自由化的多哈会议。抵制活动同时还表现在对于国际货币基金组织这一新自由主义全球化的狂热推动者所做出的一些约束。

然而，将融入全球化与采纳新自由主义战略分割的最重要例子却是中国。这个国家懂得利用其廉价的劳工和国内有序的环境吸引国际投资。与此同时，它实施了一系列量身定制的发展战略，不满足于仅仅吸引外资，也积极地开始对外投资。但中国的经济和社会政策又没什么自由主义色彩：政府对人民币汇率及交易实施管制；资本流动受到管制；银行系统绝大部分的程度上属于国家，服务于经济发展；金融市场受到约束；工业政策依赖国有企业。对于这一特殊体系的未来，让我们拭目以待。

金融化、放松管制与全球化以及美国经济的增长失衡

新自由主义建立在三大支柱之上：金融化、放松管制以及全球化。由此而产生的金融金字塔极为脆弱，无论在国际还是国内层面都缺乏有可能对其产生起码约束的规范机制。

此外，美国经济的增长失衡给本国和世界经济都带来了严重威胁。在众多趋势之中，居于中心地位的是投资的持续减少，固定资本储备（生产所需的建设和设备）的增长率也因此降低。在1965年到1978年间，这一比例徘徊在3%左右；之后就随着经济过热和衰退周期的往复而开始下跌；到了今天，这一数字只有大约1%（这一投资削减的趋势见图9.3所示）。与这一下跌同步的，是消费的增长，后者主要由高收入人群撑起。

经济开放政策以及工业生产向国外转移是美国贸易持续出现逆差的根源：逆差额在2006年（即2008年危机前夕）达到了国内生产总值的5.6%。美国经济对于世界其他国家的依赖日益加深，美元也大量外流。这些无法兑换成黄金的美元，对于它们的持有者来说，只能用于投资以期获得收益。2008年以前，这些钱主要投入了私营领域。也就是说，世界各国间接地撑起了美国的消费。2007年，外国人手中的美元总额已经达到了美国国内生产总值的110%；而美国持有的世界各国的外币则只占了60%。但经济学家们不但没有察觉这一不平衡局面所必然导致的威胁，反而大肆渲染美国经济对于全世界的投资者都极具吸引力。

这些经济学家的论断之所以站不住脚，源于一个简单的宏观经济机制：[3] 1. 当一国长期处于贸易逆差时，该国的收入支出（薪资、分红和利息）不会完全以购买的形式回归本国企业，因为这些收入中用于进口的那部分没能完全被出口所得抵消；2. 刺激企业在本土生产的需求机制存在结构缺陷；3. 为了避免相应的经济倒退，中央银行必须实行有弹性的货币政策，以便国有行业的主体提高它们的负债，刺激收入外的需求，因为这部分需求原本是流向国外的。4. 新世纪第一个十年，美国的新自由主义政策倾向于控制预算赤字（即稳定国家负债），却通过疯狂的放松管制政策鼓励家庭负债以维持需求；5. 对外贸易逆差的增长趋势让美国的家庭负债本身也逐年上升。

2008 年：结局

对于诸如 2008 年经济危机那样大规模的现象所做出的解释必然会引起争议。每个流派都试图从中找到印证自己理论的地方，而他们各自的理论也是政治选择的表现（见表框 5.1）。这场危机没有简单的、唯一的原因，而是一连串因素共同作用的结果。这些因素的串联并不是偶然的，它们都源自于美国统治下的新自由主义体制。正是后者出现的偏差才引发了危机。

接着就该将前文所作的观察结合起来了。首先要质疑的是新自由主义下不受控制的、金融化和全球化的基本框架。这第一个方面对每个新自由主义国家都适用；适用程度的不同取决于该机制在各国的发

第五章 从"1979年突变"到"2008年危机"

展水平以及形式的差异。这一框架迟早都会崩盘。

表框5.1 与危机无关的因素

统治性的经济突出了市场的不足、国家介入和风险评估的轻率。从政治角度来说,解决之道在于完善新自由资本主义的核心内容,即保障资本家和企业行动的自由,将避免危机的希望寄托在自我调节之上。某些凯恩斯主义学者强调:过多的金融机构和过度的放松管制政策导致了种种泛滥。在政治层面,他们的目的是推动一种受中央控制的、重视工业轻视金融的资本主义。某些马克思主义学者则将对于1970年那场回报率危机所做的分析沿用到了2008年危机上;并由此认为利润率不可避免的降低将使得资本主义消亡。介于凯恩斯主义和马克思主义之间的一些人强调,由于购买力停滞而引发的需求不足会让劳动者负债。另一些人又说利润率的降低使得投资转向了被认为更有利可图的金融业,这刺激了该行业的过度增长,进而导致了危机。我们已经在其他场合下讨论过这些理论。[4]

然而冲击来自美国有两个原因。一方面,新自由主义在那里发展程度最高;另一方面,通过家庭负债来维系国内的经济活动的比例达到了临界点。负责回购住房贷款的机构本来有可能支撑这一负债(这些机构仍受政府的部分监管,如房利美那样的大型机构),但越来越多的私人企业以可疑的方式参与到证券化(将贷款转化成可供买卖的证券)运动中来,这在次级市场上引发了一系列危险的交易,次级贷款危机就是这些不受监控的操作的后果。它扮演了导火索的角色,揭示了美国的新自由主义不可接受。

  由于国际经济之间极强的相互联系性，这一危机也波及了世界其他国家，尤其是已经走上同一条道路的欧洲。它在短期内也影响了那些在外贸上依赖老牌资本主义中心的国家。此外，相当一部分的"有害"证券被出售到了世界各地，它们的价值则随着贬值而付之一炬。

第六章　新自由主义考验下的欧洲

欧盟是世界经济的三大阵地之一（见下文表框6.1）。显然，新自由主义的发展少不了它，但人们并没有给予它足够的重视。有许多问题仍然悬而未决：战后构想的欧洲统一计划意味着什么？新自由主义的到来给欧盟的建设过程带来了怎样的改变？我们尤其想问的是，究竟哪些因素导致了欧洲大陆，特别是南欧各国的危机？从广义上讲，受到质疑的是欧洲统一的理念还是新自由主义？

本章由相对独立的三个部分组成，下了两个结论，提出了一个问题：

1. 我们可以说《罗马协议》的最初方案（建立一个符合战后妥协背景的欧洲）在新自由主义全球化的背景下逐步解体，而新自由主义的原则却最终在马斯特里赫特确立了自己的指导地位。这一转变深深地扭曲了欧盟的建设计划。因此，一切符合我们构想的进步性政策都将重新定义这一欧洲方案作为任务之一。

2. 对于受当下危机影响最大的那些国家所做的分析，既强调了欧盟建设的好处，以及它为这些国家的发展提供有利环境这一事实；又强调了新自由主义的堕落之处：包括过度的金融化、对市场的盲目信任、政策的不足。西班牙就是这些趋势的一个很好的代表。

3. 本章最后也对德国在工业增长和对外贸易上的良好表现进行了探讨。在研究过程中，我们将其与法国经济作了对比。但解开这两个经济体近期表现差异谜团的钥匙将要到本书的第三部分才会出现。

从罗马到马斯特里赫特：在新自由主义全球化中解体的一个方案

成立欧洲经济共同体的协议于1957年在罗马由六个国家共同签署，它们是联邦德国、比利时、法国、意大利、卢森堡和荷兰。它致力于建立一个共同市场，即逐步取消关税壁垒，实行资本和劳动力在该区域内部自由流动。它还定义了欧共体内部各机构的三大职能领域：运输政策、农业政策和共同对外关税。在加入了第一批新成员国之后，1986年至1987年间签署生效的《单一欧洲法案》被认为是完成了欧洲共同体的计划。

表框6.1 欧盟与世界：购买力平价

由于汇率的存在使得各种货币或者被高估或者被低估，国际间的比较就变得比较困难。因此必须使用一种虚拟汇率，即"购买力平价"。比如一个欧洲游客持有一定数量的欧元，由于汇率的不同，他在不同国家对于商品和服务的购买力也是不均等的。比如在中国，他会感觉富裕。而如果采用购买力平价率，那么这个游客在不同国家会拥有相同的购买力。它的量化影响可以很大。比如，实行普通汇率，美国2012年的生产总值是中国的1.91倍；

第六章 新自由主义考验下的欧洲

但采用购买力平价率来算的话，就只有1.26倍了。在这一算法下，欧盟的生产总值占世界的19.4%，美国是18.9%，中国则是14.9%（2012年的数据）。

所有协议都是可以修正的。1992年至1993年间签署生效的《马斯特里赫特协议》就对《罗马协议》做了很大的修正，或者增加新条款，或者用新条款替换旧条款。而《马斯特里赫特协议》自身又经历了在阿姆斯特丹（1997年）、尼斯（2002年）和里斯本（2007年）的三次修正；这还没有算2004年至2005年间被搁置了的《欧盟宪法条约》，后者主要对欧盟机构做了调整。

人们对于《罗马协议》的起草原则不时会提出疑问，尤其是对它的自由或者新自由主义取向。事实上，该协议反映了与战后妥协方案相符的政治经济选择：

1. 在经济模式上很明确地选择了市场经济，而不是处于其对立面的专制体制下的计划经济。但也不妨碍法国式的、指导性的计划形式，以及强势经济政策的出现。[a]这与《马斯特里赫特协议》的胜利者口吻形成了巨大的反差，后者提出要"尊重一种开放的、自由竞争的经济原则"（条款3A）。此处的形容词"开放"，在我们看来只能表示"全球化"。

2. 而未经修正的1957年真正的《罗马协议》对于当年很不"新

---

a 我们记得欧共体的设计师之一，让·莫内就曾是负责1945至1952年计划的专员，他被视为法国式计划之父。

自由主义"的做法却非常宽容。资本自由流动只限于欧共体内部（条款67）；在必要情况下，还有可能实行某些其他的约束。依据条款68的规定，在不违反共同体内部的自由贸易和资本流动的前提下，接受外汇管制（见表框4.1），这又是一项明显的限制。但这些到了《马斯特里赫特协议》中则烟消云散，该协议的条款73指出："在本章设定的机制框架内，禁止一切针对欧共体成员国之间以及成员国和第三国之间的资本流动限制。"这一规定的分量全在"和第三国之间"这几个字上面，它说明《马斯特里赫特协议》的目标是让欧洲融入金融全球化，而法国也随之效仿。

因此，《罗马协议》实际上定义了一个商业贸易（包括商品和服务贸易）、资本和劳动力流动自由的区域。原先各国之间设立的种种限制被推到了这一区域之外。这意味着建立一个专属于欧洲的经济体。而至于《马斯特里赫特协议》，我们就没必要对这个越来越全球化的"共同市场"做过多解释。20世纪90年代，欧洲参与到了国际贸易和资本流动的大潮中，显示了这一新社会秩序的上升势头。大企业的管理者们清楚地察觉了这些转变，他们之间的讨论则反映了一些潜在的趋势（见表框6.2）。

最初的欧洲越扩越大，变得异质化。区域内不同货币的增多也必然会导致问题的出现。对于一个由社会经济结构、发展程度以及结构性通胀率都非常不同的国家组成的大陆而言，国际竞争带来的潜在影响也是相当不均衡的。汇率修正的必要性及高频率，以及对于未来汇率水平的不确定性，都影响了企业在欧洲内部的贸易方面、投资方面，以及针对在其他成员国进行借贷所做的规划方面。因此这也阻碍了欧共体所寻求的统一进程。上述困难催生了一些可能有效的挽救措施：如 1972 年至 1978 年间实行的"蛇形浮动汇率"和 1979 年至 1993 年间的"欧洲货币体系"。这些机制旨在确立一个基本稳定的汇率。在这一原始背景下，建立一种单一货币（于《马斯特里赫特协议》中提出，实现于 1999 年至 2002 年间）便像是一种很自然的补充了。

表框 6.2 欧洲工业家圆桌会议

今天的欧洲工业家圆桌会议（ERT）是一个集合了欧洲五十多个非金融类大企业的管理者的组织。它创立于 20 世纪 80 年代初，当时有 17 个成员。它的历史很好地反映了新自由主义在欧洲的演变。

成立该组织的原因在于欧洲认为它的企业无法迎接美国和日本经济带来的挑战。这一组织里有两种趋势共存。有一份研究分别将它们称为"欧洲主义"（或者"新重商主义"）和"世界主义"。[1] 第一个派别要求建立起一套与农业共同政策平行的欧洲工业政策，暂时性地通过实行保护主义来抵御世界竞争。20 世纪 90 年代，随着世界主义者们的到来，以及部分欧洲主义者转而投靠自由主义的新趋势，第二个派别占据了上风，这些最终都顺理成章地成就了"马斯特里赫特协议"。

伴随着欧元创立而出现的那些机制断绝了欧洲边缘国家的新自由主义之路。它们规范了《马斯特里赫特协议》设立的种种标准；但却几乎没有在制定适应不同国家的宏观经济政策（货币或者预算政策）上做出努力，由此出现的悲剧性结果直接导致了危机的到来。最后，我们还可以补充的是由于信奉自由竞争，政府推行发展政策，尤其是工业政策的空间大大缩小。尽管如此，依然有一部分的欧洲信贷被用于不同的项目，"欧洲地区发展基金"就是其中最重要的一个。

如今，欧洲在推动新自由主义经济的发展上被寄予了厚望，尤其在增长节奏方面。和美国一样，对于欧洲的投资也呈现下降的趋势。图6.1显示了1985年至2012年间非欧盟国家对欧盟固定资本投资总额占国内生产总值的比例。从中我们可以观察到这个值下跌了三个百分点左右，出现了三个大的周期。

危机之前和迈向危机：西班牙的实例

我们不会尝试对南欧各国陷入危机的轨迹作总结，而只研究西班牙这一很有教育意义的个案。它会让我们既看到2008年危机之前这个国家所完成的一些令人瞩目的举动，又看到紧张和失衡局势的恶化，最终引发这场严重的危机。我们的论述将不按照时间顺序（即从危机前到危机后），因为当下危机的某些特征在现在看来为先前的各种举动提供了重要信息。

2008年以前，西班牙发生的一切并不都是糟糕的。图6.2显示了自1980年以来四个欧洲国家的国内生产总值的演变情况：它们是德国、法国、西班牙和希腊。西班牙的经济增长相比之下是强的，明显比德国和法国这两个最发达国家更快（希腊的表现与西班牙有可比性）。而我们发现欧元的出现也没有明显改变增长节奏以及各国之间的差距。西班牙是个工业国：2007年，工业占了该国国内生产总值的

17.3%；高于法国。甚至在排除了兴建住房之后，西班牙的投资率（即投资占国内生产总值的比重）依然远远高于德法。当时的政府负

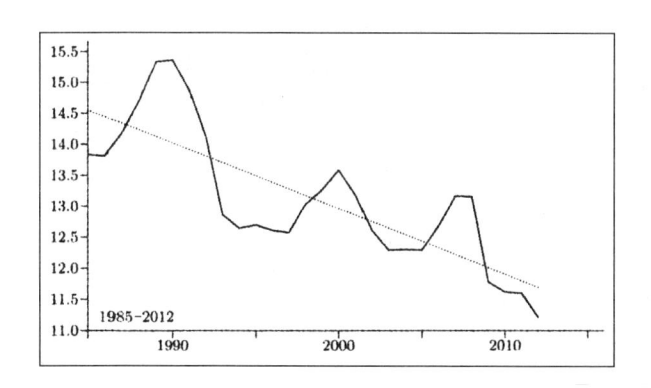

图 6.1 固定资本投资（占国内生产总值的百分比）：欧盟

这一投资是来自欧盟以外任意经济体的设备和厂房投资的总和。

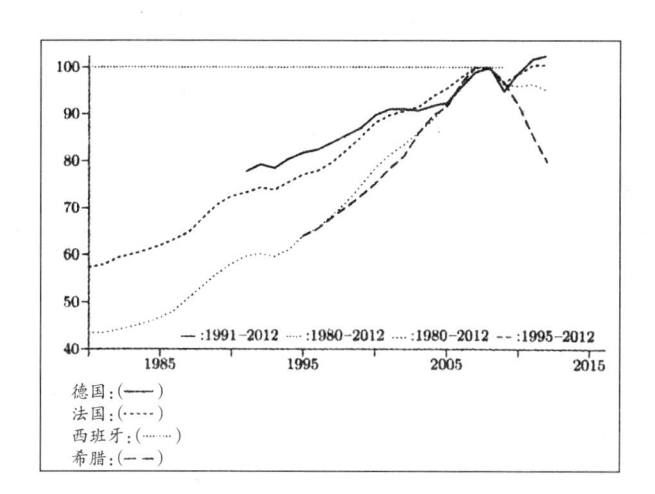

图 6.2 欧洲四国的国内生产总值（指数，2007 = 100）：德国、法国、西班牙、希腊

债不多，而且还处于削减的趋势中；危机之前公共债务只占国内生产总值的40%。而实际薪资的情况则更为复杂：它在1985至1991年间取得了快速增长，但随后便一直滞涨，直到2006年；在危机到来前的三年飙升期内又出现了明显的上升。

考虑到我们刚才所提到的这些优势条件，西班牙危机的严重性（与德国，甚至法国相比）显得令人吃惊。危机的深层性尤其体现在工业崩溃上，这一点与其他欧洲国家一样（不仅仅是南欧国家）。图6.3显示了南欧四国的工业生产指数。我们可以观察到20%至30%的跌幅。

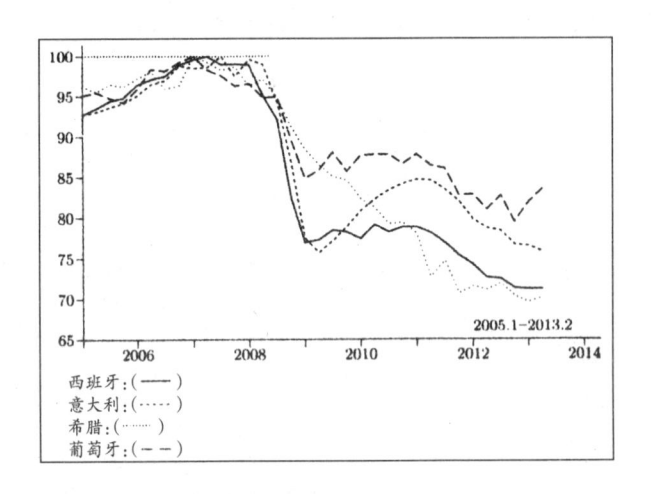

图6.3 南欧四国的工业产值（达到峰值的2007年至2008年＝100）：
西班牙、意大利、希腊和葡萄牙
此处的工业包括了手工业、采矿业、电力和天然气的生产和运输，但不包含建设。

第六章　新自由主义考验下的欧洲

我们的诊断如下：危机前的高速增长和危机来临时的迅猛下跌（尤其是工业领域）之间存在着联系。当一个经济体像西班牙那样发展得非常快的时候，所有企业的现代化节奏不可能保持一致。在同一个工业分支内：有些企业投资了最现代的技术，因此具有竞争力；而另一些企业则继续沿用过时的生产流程。在我们看来，工业生产的跌幅之大与缺乏竞争力的行业相对占多数以及它们的崩塌有关。这反映了在危机到来之前，工业的不同分支内部所存在的一种极强的异质性。我们的这一描述与反映融入欧盟之后的西班牙经济快速转型的图表相辅相成。

我们对于这一系列事件的解读得到了三个观察的佐证。首先，西班牙工业的劳动产能在危机前有规律地增长着。而显得有些矛盾的是，在经济衰退时期它却增长更快。我们当然无法把这一飞跃与生产条件的快速更新联系起来；事实上，这反映的是那些缺乏竞争力、产能较差的行业的下滑。这些行业的消亡，至少是部分消亡，为更先进的、产能更高的行业腾出了位置，这就是秘密所在。这就好比通过排除班上的差生以提高全班的平均水平，它比改变教学方法来得更快。其次，危机前几乎没有公司破产，而从2008年开始这一数字却出现了戏剧性的弹升。大家想必能理解这一崩盘对就业造成的后果：失业率开始飙升。最后，对于西班牙对外贸易的研究显示这个国家的出口非但没有在2008年以后下跌，反而大幅增长。2008年时出口占国内生产总值的17.6%，到了2012年，这一比例变成了21.8%，相当于增长了四个百分点。这一增长可以大致平摊到工业产品出口的增长（2.5%）和原材料出口的增长（1.8%）上去。这似乎意味着在危机局面下，出口行业依然得到了发展。

快速转型、异质性和严重危机这三者之间的联系，让我们想到了自己对于美国1929年危机所作的分析：当时美国危机的一个根本性因素就是传统行业和大企业代表的新兴行业之间的共存。后者借着19世纪末到20世纪初三次革命的春风取得了强势发展。当危机到来之时，在繁荣期依靠反托拉斯法保护而存活下来的传统行业开始崩溃。由于缺乏有力的宏观刺激和特别的扶持手段，经济就此进入萧条期。在如今的西班牙危机中，我们要记住有两个共存的因素共同起着作用：一是技术—组织上的快速进步带来的异质性；二是对于经济的支持乏力。其他欧洲国家，包括法国，工业产值的大幅下跌以及危机的长期持续，意味着同种类型的解读可能也可以推广到其他领域。

现在我们开始讲西班牙经济的弱点，我们认为欧盟建设的缺陷和新自由主义的取向，尤其是经济的强势金融化进程，难辞其咎。

1. 西班牙经历了相对较高的通货膨胀率。从创立欧元起，这些比率一直在4%上下浮动，而法国只有2%，德国则是1%。名义工资同步增长，出口产品价格的增长幅度也比德国和法国更大，尽管它比西班牙整体物价的上涨要小。从2000年到2007年，出口价格上涨了16%，德法又分别只有1%和2%。产品和服务的净出口额严重下降。由于其他国际资金流动的恶化，西班牙在2007年出现了相当于10%国内生产总值的贸易赤字。鉴于欧元的存在，西班牙不能像那些拥有自己专属货币的国家那样将外汇储备使用出来。贬值已经不可能，其他强势政策本应推出，但它们却与以市场能解决一切问题为信条的欧盟建设的模式不符。

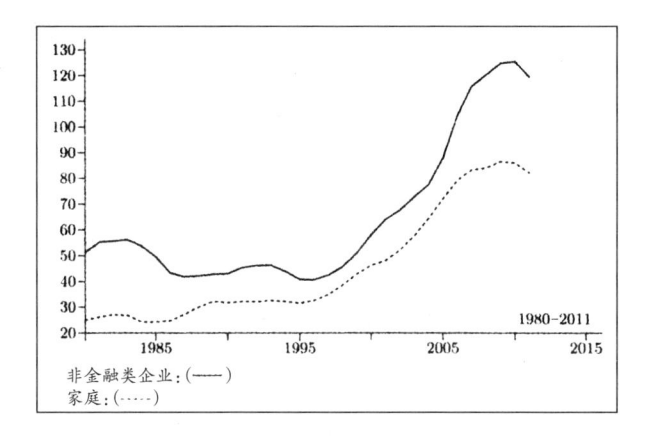

图6.4 借贷（占国内生产总值的百分比）：西班牙非金融类企业和家庭

企业也会通过发放债券而出现负债，但金额较小。

2. 与此相对应的是危机前的那几年负债对西班牙造成的冲击，使它顺从于新自由主义世界化的潮流。图6.4显示了非金融类企业借贷和家庭借贷占国内生产总值的比例。我们发现它从20世纪90年代末开始飞升。到了2009年至2010年间，这两类债务的积压分别占到了国内生产总值的125%和86%。非金融类企业借款中的很大一部分被用来购买股票，包括以新自由主义的方式回购企业自己的股票。这是在贸易赤字之外第二个不可接受的趋势。今天，无论是在西班牙还是对于整个欧洲而言，无法收回贷款的风险都是放贷金融机构的一大隐患，欧盟当局对此的担忧超过了失业和企业倒闭问题。

3. 西班牙得到了他国的大量直接投资，这显然对其经济增长和转型做出了贡献。然而，它自己也一直大范围地进行对外投资，后者的

大分化——正在走向终结的新自由主义

数额从20世纪90年代末开始超过了前者。在西班牙身上，我们看到的是所有发达国家都曾出现的一个基本趋势：那就是对外投资净值不断增长，直至危机到来。无论直接投资与否，西班牙的非金融类企业都获取了大量外国的股票。

根据以上我们对于西班牙经济所作的总结，可以得出以下几个积极的方面：一是大量投资带来的快速增长；二是薪资适度；三是国家负债较少。而消极方面则在于对过高的通货膨胀缺乏控制；贸易平衡被打破；放纵私人主体的负债；以及直接投资的恶化。于是，如今的西班牙经济陷入了一个双重困局：首先是私人主体的过度负债（对这一问题的纠正才刚刚开始）；其次是广大竞争力低下的行业的集体崩塌，这是工业内部强烈异质化的表现。这两个困局互为关联，因为过度负债往往是企业倒闭的主要因素。鉴于金融业特别脆弱，西班牙经济前景堪忧。但考虑到强势制造业的存在，这个国家依然有着一些积极的远景可期。

那么，如何挽救当下的局面呢？有长期和短期两种疗法：前者指的是结构性政策，如果早先已经实行，西班牙原本有可能免受当下的危机之苦；后者则是那些有望迅速阻止经济收缩势头的短期手段。从结构层面上说，应当"与异质性共存"，并逐步克服它。就短期而言，需要施行以下一些政策：1. 采取凯恩斯主义常用的扶持需求的手段，以避免生产的崩盘；这意味着不要试图消除赤字；2. 上文针对西班牙经济所做的诊断强调了差异化手段的重要性，这些与新自由主义理念极为不符的手段，旨在降低当下处在自由落体状态下的产业以促进它摆脱负债，它包含了减税，这一政策的不利之处在于会加重公共赤字，以及减轻债务负担，这意味着延期偿付或者

第六章 新自由主义考验下的欧洲

直接取消一些债务；3. 鉴于另一个阻碍经济发展的要素是家庭过度负债，我们也必须对其"减负"，特别是与房产有关的债务。当然，这些政策会令债权人不安。在这个问题上，我们可以借鉴美国在1933年推行的政策，让泛公共机构来接收不良债务。对于受威胁特别大的机构进行国有化也并非不可能。而所有这些措施只有在得到欧盟中央部门的有力支持下才有可能实现，比如欧洲央行购买西班牙国债，增加银行资本，预算资源转移等等，这些需要政治上的极端变革。

大家发现我们并没有提及货币贬值，它意味着以这样或者那样的方式退出欧元。在我们眼中，这并不是解决缺乏竞争力行业崩盘的良方。这些企业的问题并不在于找到国际市场，而是要在短期内存活下来。贬值可能有一些积极效果，帮助有竞争力的行业增加出口，但它同时也会由于进口涨价而对贸易平衡产生负面影响，尤其是原材料或者在西班牙以外生产的消费产品。在这一点上，英国的例子很有说服力：在2008年至2009年的危机中，英镑贬值了将近20%，但贸易平衡并没有从中受益。英国是继美国之后贸易赤字最严重的国家，位列印度和法国之前。除此之外，大家还应知道贬值会增加以美元或欧元计算的外债。如果西班牙无力偿还它在第三世界国家的部分债务，哪怕仅仅是"金融市场"认为其有债务违约风险，那谁还会购买西班牙债券呢？以什么利率购买呢？届时就必须使用可怕的休克疗法，以期欧洲或者西班牙的公共机构对金融机构追加注资；同时还需要国际货币基金组织的援手，它们有着自己的一些秘密的结构调整方案。

大分化——正在走向终结的新自由主义

德法之路

援助南欧国家是迫在眉睫的任务。在这个问题上，虽然存在着很多争议，但在所有争议的背后，却都显现了德国模式不可动摇的参照地位，它是各国公认的模仿对象。与美国及大部分欧洲国家展示的反例不同，人们认为这个国家的成功证明了新自由主义全球化可以为老牌资本主义中心国家所接受。从其简单粗暴的语言逻辑出发，这一判断显然是没错的；而更为严重的是，德国走了一条鲜明的反社会化之路。这一本就复杂的问题因为两德统一而变得更加微妙，我们可以通过研究德国和法国的基本宏观经济数据来进行解答。

首先，与众人所想相反，德国并不是一个涨速远高于法国的高增长国家。如图6.2所示，在选取的时间段内，德国和法国十分接近。自二战之后开始，这个国家的经济增长率只稍稍高于法国。在1950年至2008年间，德国和法国的年均增长率分别为3.6%和3.4%。两国的人口状况十分不同：以2008年为例，德国的总和生育率为1.4，而法国的这一数据则达到了2。但尽管如此，德国的失业率并没有系统性地低于法国。它在20世纪90年代大幅上升，到了2005年达到顶峰，占了总劳动力人口的11.4%；而法国的同年数据则是9.4%。只是在2008年危机之后，两国的失业率才向着不利于法国的方向出现了很大的分叉；但德国付出的是"零工"的倍增。

德国是个工业大国。工业占国内生产总值的比重长期以来一直高于法国。2012年，德国的这一数据为26.2%，而法国只有12.6%。其次，德国体现在贸易顺差之上的超强出口能力，是两国之间的另一个

第六章 新自由主义考验下的欧洲

重大差别。由于两德统一,这一顺差在20世纪90年代几乎被抵消。而恰恰是这一时期,法国实现了顺差。随后不久,法国的这一顺差缩小,到了2011年至2012年间则变成了2%或3%的逆差;与此同时,德国则恢复了之前的顺差,顺差占国内生产总值的比重从2004年起达到了5%—6%。

德国得到了一些更有利的条件?工业色彩明显并且受到有组织的新自由主义指导的当地经济结构成就了一种有利于工业发展的社会构成?这些可能都是正确的。但需要强调的是:德法两国经济增长上出现差距是一个近期才出现的现象,因此它必然是出于其他原因。图6.5描绘了1970年两个国家的工业产值指数,我们可以从中观察到两个事实:一、两国的曲线从这一阶段初期(甚至更早)开始相互重叠,直至2002年;二、2003年开始出现分化。自此时起,德国工业产值实现了飞跃,而法国则开始停滞,直到2008年至2009年危机期开始倒退。我们需要解读的,正是这个相对近期才出现的差异。

要解释这些区别,有人首先会提出两国的技术改革在形式和节奏上的不同,认为这方面德国优于法国。而对于相关数据的分析似乎并不能得出这一结论。第二个时常被强调的因素则是劳动力成本。图6.6表现的是包括德法在内的几个不同国家的名义工资。大家可以清楚地看到1994年以后两国薪资差距的拉大。[a] 但我们依然认为薪资的

---

a 在国际竞争力方面,图表中的名义工资至关重要。在去除了每个国家的消费物价上涨因素之后,我们发现德国的工资购买力在1994年至2001年间保持稳定,而法国却一直在上涨。从2003年起,这一购买力在德国开始下降,这个国家进入了一段社会化衰退时期;与此同时,法国薪资则扛住了压力。

大分化——正在走向终结的新自由主义

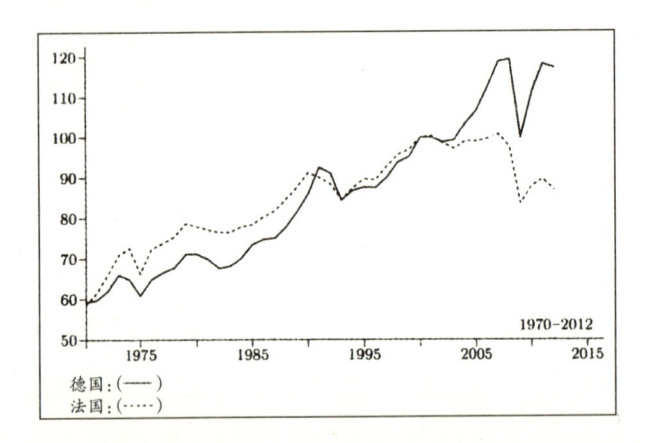

图6.5 工业产值（2000 = 100）：德国与法国

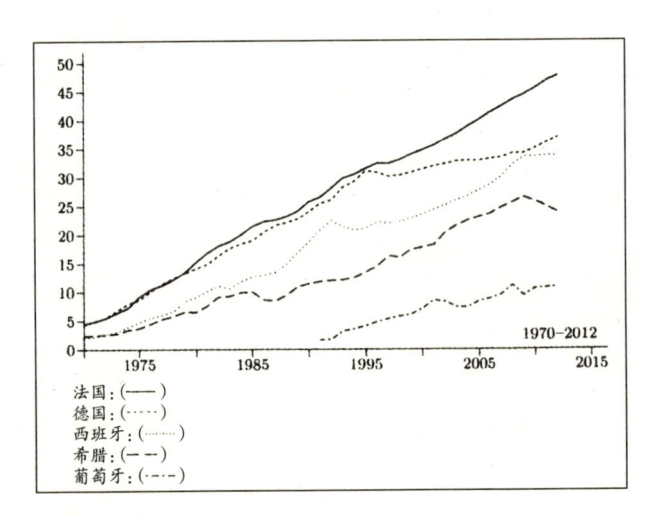

图6.6 每名工人每年的名义劳动力成本（万欧元）：德国、西班牙、法国、希腊和波兰

第六章　新自由主义考验下的欧洲

差异不足以解释近期的工业差距,而应当深入到特定社会秩序下的经济社会组织结构内部去寻找决定性的因素。本书第三部分正是对德法两国各自的新自由主义特殊架构所做的研究。

第三部分　顶层的紧张局势

第七章　盎格鲁—撒克逊金融：一种模式，一个帝国

到目前为止，我们一直在用普通的词汇描述新自由主义，而撇开了它额外的复杂性。本书的第三部分则将对后者进行深入探讨。新自由主义形态多变，并非只拘泥于一种固定的架构。而盎格鲁—撒克逊新自由主义位于我们分析的核心位置。[1]

金融和非金融业的所有权和管理，盎格鲁—撒克逊新自由主义的案例

资产所有者和高级管理者在一个被称为"资产—管理平台"的机构体系内部聚首。处于这一体系中心的是董事会。它是股东和管理者们聚首的优先地点。个人或集体所有者在股东大会上，或者亲自出席，或者由它们的财务管理者代表出席，与管理人员相对而坐。而高层管理人员也一样，或者悉数到场，或者由他们当中的其中一些代表出场，与所有者一方形成对峙。[2]

"资产"和"管理"这两头都有各自的网络。由于股份持有而形成的资产网络将各个企业联结在一起。这些网络在金融企业之间特别密集。如果我们把资产世界想象成独立资本的叠加，那就错了。它是一个关联度和集成化很高，且具有国际规模的庞大系统。而在

大分化——正在走向终结的新自由主义

管理者这边,他们也可以通过管理职位的交叉,即英文中所说的"关联董事会",而形成网络:依据这一管理方式,同一部分管理者可以出现在不同企业的董事会当中。我们可以把这些管理网络称之为横向网络,区别于新自由主义中从所有者到管理者自上而下的纵向等级关系。管理本身也有这些内部的不同级别,而横向性指的是职位的交叉。

在资产方面,金融和非金融企业之间存在着一种不对称。尽管非金融企业也可以持有股票,但某些金融企业对于拥有其他企业则是情有独钟。而这奠定了一种将金融业置于高位的控制关系。这一等级体系的确立也意味着资产所有者的代表们在董事会中占有更强势的地位。

于是,我们便可以定义盎格鲁—撒克逊式的新自由主义。它的主要特点之一是所有者(他们的代表与他们的机构网络)对于管理者的极强主导。这一主导的目的在于强加一种符合所有者利益的"企业治理模式"。尤其是金融机构系统的某些组成部分,更是作为主导的媒介而存在。

管理网络和资产网络的转化以及权力因素

战后社会秩序和新自由主义都表现为所有者和管理者这两大网络的不同结合。事实上,这是一段悠长历史的完结(见表框7.1)。

在战后的架构中,企业之间资产互持,形成一个非等级性的网络,与管理职位交叉而产生的横向网络并存。从信息和经验共享,以及协调决定的角度来说,我们很容易想象在不同的董事会里,直接参与各个企业管理的董事们(即内部人员)职位交叉带来的好处。这一做法加强了管理者面对所有者和其他雇员时的权力和能

第七章 盎格鲁—撒克逊金融：一种模式，一个帝国

力。横向管理网络的成员们衡量管理的表现，依据他们自己的标准确立战略。管理者的权力达到顶峰，而对应的则是所有者权力跌至谷底。

随着新自由主义的到来，出现了一个双重现象。一方面，董事职位交叉在美国有所减少。另一方面，越来越多的行政人员从金融机构调来（即外部人士）确保所有者的利益。[a] 在盎格鲁—撒克逊式的新自由主义架构下，资产集中在居于高位的金融机构手中。而横向管理网络则遭到大范围破坏，变得没那么密集和集中，这可以称得上是新自由主义最后一个"大胆"之处了。所有者的权力从而达到顶峰。所有者的代表们依据所有者的利益比较性地判断管理结果：在利润率更高的企业，这些利益得到了更好的满足吗？从股东需求的角度来说，15%的利润率被认为是一个标准。

表框 7.1 美国董事位置交叉的简史

19 世纪，在资产和管理分离之前，这些交叉的董事位置由资本家自己承担。1836 年的纽约，主要的银行（20 家最大的银行）和保险公司（10 家最大的保险公司和 10 家最大的铁路公司）正是这样联结在一起的。

20 世纪初，受到管理革命的影响，越来越多的雇佣管理者出现在董事会中，部分资本家家族，如肯尼迪家族，则不再直接出席；而银行的代表们在金融革命的影响下在董事会中占据了权力位置。与此同时，还通过了一条禁止同行业内交叉参与

---

[a] 一份关于加拿大的研究反映了相同的"内部人士"网络缩水的现象。这份研究还指出了另一个具有潜在影响的特征：那就是在金融化和国家化进程中本土意识的丧失。参见 W. K. 卡罗尔的"企业精英和金融资本的转化：来自加拿大的观点"一文，刊登于 2008 年第 56 期《社会学评论》杂志。

的法律，因为它会使行业竞争变质。这成为了当时反托拉斯立法（1914年的《克莱顿反托拉斯法案》）的一部分。二战以后，工业管理者进入了银行的董事会，而银行的主导作用已经褪色，两者的关系变得更为平等，与新的社会秩序性质相符。最后登上历史舞台的则是新自由主义专属的等级架构。

113 人们将这些机构称为决定经济领域大方向的"制度性经济中心"。如果将国家的概念延伸的话，它就是国家机构的另一面。这一中心权力巨大，并以它自己的方式"执政"。我们可以想象这些架构在不同社会秩序中的意义。在它们内部的等级体系背后，显现的或是资本主义的阶级权力结构，或是管理主义的阶级权力结构，而这取决于所处的社会秩序。就算我们看到这些高层管理者的行动范围超越了严格意义上的管理界限，也不会感到惊讶。他们是不同智库、不同游说集团里有影响力的成员，并出现在高等商校和大学之中。他们的地位决定了他们能比其他人更好地给政府出谋划策，或者直接参与执政。与"制度性政治中心"之间的直接联系就此确立了下来。

114 **股东激进主义与新自由主义企业治理模式的武装手段——投机基金**

新自由主义时期资产和管理之间关系的改变受到了金融机构行为的影响。这一行为的目的在于保障所有者（无论是长期还是短期的所有者）的优势地位。因此出现了所谓的股东激进主义做法。在这些激进主义者和大多被动的普通股东之间，形成了某种形式的劳动分工。不管是出售股票（即俗称的用脚投票），与利益相关者（其他股东或管理者）展开直接对话，召开股东大会，还是公开申明，媒体公关，

第七章　盎格鲁—撒克逊金融：一种模式，一个帝国

起诉，将董事会成员边缘化，等等，只要能对董事会施加压力的，都成了好办法。

从股东角度而言，这一做法的结果是十分正面的：它实现了分红，拉升了股价，通过收购又刺激增长。相反，不出大家所料的是，这些做法对于企业造成的影响却是很有争议的。有些人强调它们带来的刺激作用；另一些则强调短视主义（即拿钱走人）的坏处。而从企业广大雇员的角度出发，后果就明显是消极的。因为这些做法带来的是企业的结构重组，以及以股市表现为名的裁员，后者意味着关闭一些被认为回报率不够的生产部门。

在新自由主义初期，这些激进主义股东是机构投资者，包括了互助基金、退休基金和保险公司；到了20世纪90年代，局势又有了转变：投机基金（对冲基金）成为了主力军。[3]事实上，它只是这些投机基金中的一小部分，为数不多，却异常活跃，回报率极高。它们的"效率"来自于它们短时间内所能调动的巨额资本，以及不像机构投资者一样受到一系列规章制度限制这一现实。《华尔街日报》称它们为"纠缠董事会的食人魔"。

资产和控制网络，美国的霸权

与管理网络相对的是资产和控制网络，它连接了股东（企业或个体资本家）和企业。量化研究的存在让我们可以对当下危机出现之前的这些关系做出分析。[4]这一危机诱发了一些改变，如企业倒闭，合并或者重组，但基本的架构依然保存了下来。

在这些量化研究中，对于网络这一概念的使用十分形式化：节点是行为主体（包括个人和企业）；而联结这些节点的是资产关系，即表现所有者对企业控股的一根纽带。2007年奥比斯营销数据库集结了

3,700万的个人和企业主体，分别来自194个不同国家（几乎是全球国家的总数），以及1,300万个资产纽带（即股票持有）。这一数据库囊括了4.3万家跨国企业和所有与这些企业有直接或间接关系的个人和企业，也就是7.75万个个体股东和另外近50万家被持有或持有股份的企业。

这些研究带来了一系列意义重大的信息。其中的一部分与这个巨大的世界资本网络的结构相关。图7.1做出了一个概要式的描述。那些资产相连的企业被归入到"关联成分"中。它体现了三大特征。第一是这些主体之间强有力的联系。当然，周边也存在着一些独立的小型网络，见图表的左下角。但最庞大的那个"关联成分"囊括了那些最大的跨国公司，几乎占到了研究所涉及公司总数的80%，它们带来了整个网络94%的营业盈余。第二个特征在于这个巨大的关联成分呈现倾斜的蝴蝶结结构，其两翼处于不对称状态。[5]最后，该图中心的球状体，即网络的中心，是一个关联性极强的成分，它由1,347家交叉持股的企业组成，这些企业中四分之三的股票都由其他企业持有。

这些研究带来的另一部分信息与控制相关。如果将控制权定义为持有50%以上的股票的话，那么我们可以将其中的一个主体集合独立出来。它囊括了737个所有者，它们享有最大的控制权。一旦这些主体步调一致，就意味着它们控制了相当于全世界所有跨国企业80%市值的一个跨国企业群。一般说来，这些享有控制权的主体既可以是企业，也可以是个人，比如利利安·贝滕科特[a]或者比尔·盖茨。

---

a　Liliane Bettencourt，欧莱雅大股东，世界上最富有的女性。——译者注

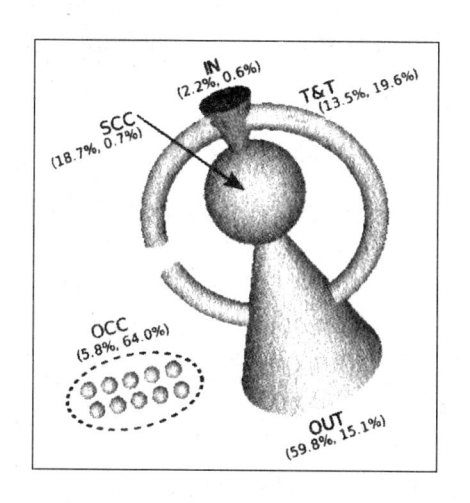

第七章　盎格鲁—撒克逊金融：一种模式，一个帝国

图7.1　世界资本大网络的架构

"关联成分"集结了所有有着直接或者间接资产关联的主体。图中出现了一个规模很大的关联成分和大量小型的个体，即"其他关联成分"（Other Connected Componets，OCC）。

——那个巨大的呈现为蝴蝶结结构的关联成分有以下四个元素组成：在强力关联成分（Strongly Connected Component，SCC）中，无论哪个企业都可以直接或者间接地拥有其他任意企业的股份，以此类推。

——构成第二个集合 IN 的那些企业或者个人都与强力关联成分有着资产关联，但后者中没有一家企业与 IN 的主体有着直接或间接的持有关系。

——相反，构成第三个集合 OUT 的那些企业和个人则直接被强力关联成分中的企业所持有，但它们本身却并没有以直接或间接的方式持有强力关联成分中的企业。

——其他企业都处在边缘，只在螺旋纽带中相互联结（Tubes

and Tendrils，T&T)。

括号内的数字表示的是营业盈余的比重以及每个企业所代表的 TNC 的量。

来源：S. Vitali, J. Glattfelder and S. Battiston, "The network of global corporate control", *PLOS ONE*, vol. 6, n°10, 2011。

这些研究还让我们了解到这些在全球范围内实施控制权的主体的经营领域和国籍。在排名前 50 的企业中，45 家企业来自金融业，另有 4 家控股公司；令人惊讶的是，这一清单内没有出现任何个体资本。相反，非金融类的跨国企业在全球网络的组建中只发挥了次要作用。此外，美国的统治力表现得十分强劲：50 家企业中有 24 家美国企业。英国以 8 家企业紧随其后。接着是占了 5 家企业的法国，它排在了日本和包括德国在内的所有其他欧洲国家之前。[a] 新兴国家的企业没有出现，除了排在第 50 位的一家中国企业。金融类企业的位置，以及美英两国企业所占的比例充分展现了何为盎格鲁—撒克逊式的新自由主义。

将对于资产网络结构的分析与企业控制力的排名结合起来，我们就能对资本主义的核心部分做出完整的刻画。那里有着最强势的主体。如果我们将范围缩小到既属于核心部分，又具有强大控制力的跨国企业，那么就能独立出一个由 147 家企业组成的群体。它们控制着所有跨国企业 40% 的市值，且在内部交叉持股。这是一个"超级个体"，用研究者的话说，就是一个庞大的"资本国际"，我们很难想象它的

---

[a] 这 5 家法国企业按排名先后依次是：安盛保险（第 4 位）、法国外贸银行（第 17 位）、法国兴业银行（第 24 位）、法国国家储蓄银行（CNCE）（第 37 位）、巴黎银行（第 46 位）。以安盛保险为例，它今天出现在了全球 57 个国家，拥有 1.02 亿客户。

第七章　盎格鲁—撒克逊金融：一种模式，一个帝国

集中化程度。图 7.2 形象地表述了这个"资本主义核心中的核心"：即 18 家金融领域的跨国企业及它们之间的相互关联（由此形成的密集网络）；盎格鲁—撒克逊金融力量在其中占据明显优势，而欧洲大陆也保有一定的存在感。

这个巨大的全球网络由不同的次级网络组成，后者被称为企业群，它们之间联系紧密，但却并不一定居于资本主义的核心部分。我们发现同一个国家的企业有着交叉持有的趋势，这让我们可以按照出现次数最多的企业国别来指代这些群体。大家可能会猜到最大的企业群体来自美国，其次是英国。之后的那些群体规模则小了不少，它们各由一个欧洲国家主导，如西班牙、法国、德国、荷兰和意大利；但在前八大企业群里面却没有日本的身影。此外，德国在这方面有着一个特殊性，那就是两个不同企业群的共存。

两个盎格鲁—撒克逊的企业群大幅度对世界开放。以美国为例，57% 的企业是美国企业，43% 的是外国企业。英国更甚，只有 39% 的本国企业，其他都是外国企业。除了荷兰这个特例之外（它是大国中开放程度最高的国家），欧洲大陆的情况与英美迥异：每个企业群内部大部分是本国企业。法国的这一比例达到 79%，而西班牙是 74%。德国的两大企业群也都不太开放。企业群之间的关系不对称。某些国家没有本国的企业群，它们很大程度上受到强权国家的控制。日本的例子十分惊人：该国被列入研究范围的企业中有 75% 属于美国网络。以色列的这一比例也达到了 53%。最后，需要指出的是开曼群岛将近一半的企业由美国所有，这就与避税天堂的出现分不开了。

如果我们只计算一个企业群与另一企业群之间的资产关联数量，而不考虑这些关联的程度深浅，盎格鲁—撒克逊的主导地位也显现无疑。举例来说，美国对欧洲（主要是对英国）的单向资产关联数量达

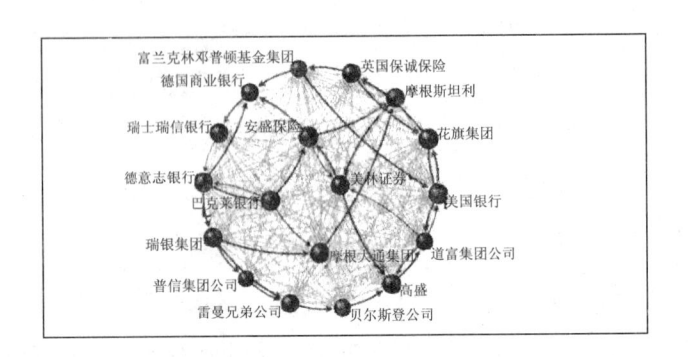

图7.2 资本主义的金融内核（2007年，危机之前）

来源：S. Vitali, J. Glattfelder and S. Battiston, "The network of global corporate control", *PLOS ONE*, vol. 6, n°10, 2011。

到了31,967之多，而在反方向，这一数量却只有2,552，也就是少了12倍。将范围缩减，我们也可以发现英国对欧洲大陆的单向资产关联多于欧洲大陆对它的关联数量。

这样，我们就可以总结出以下三大特征：一、美国和欧洲大陆联系紧密，但不如美国和日本之间那么紧密；二、欧洲大陆内部的国家之间关联相对较少，比如一家法国企业更有可能与另一家法国企业，而不是与一家欧洲其他国家的企业相关联；三、金融机构在这些关联，尤其是企业群之间关联的建立中扮演了重要角色。总之，从控股企业的国籍来看，这一资产网络概念有着很强的国际性，但它主要还是体现了一种盎格鲁—撒克逊式金融的现实。

大家可以将这些结论与研究董事会所得出的结论相对比：董事会中出现了全球化的大型金融企业的代表，这既与资产的巨大网络类似，也与其扩张相呼应。"从这些观察中得出的结论是很清楚的：形成一个国际精英或者跨国阶级联盟所需的跨境流动水平还远未达到（企业

第七章　盎格鲁—撒克逊金融：一种模式，一个帝国

董事会或者监事会的成员并不构成一个国际精英联盟）。如果说这一趋势存在的话，那么它只存在于董事会或者监事会的外部成员之间，前者隶属于一些规模巨大的跨国网络，也就是我们刚刚描述的那些资产网络，换句话说，它存在于那些只承担监视控制职能，而非直接参与管理的人士之间。具体到这一圈子，外国人的数量确实有所增长。"[6]

第八章　欧洲特征：德国式的工业主义和法国式的金融化

欧洲有着如此多属于自己的特征，以至于我们必须思考将欧洲大陆主流的社会秩序形容为新自由主义秩序是否恰当。它与盎格鲁—撒克逊式的新自由主义之间存在着很大距离。更复杂的是，由于欧洲是一个异质化的大陆，它的情况远不能一概而论。

欧洲特质和欧洲化

研究欧洲大陆资产与管理之间联系的形成所得到的印象与对于美国的分析所得到的印象全然不同。除了前一章针对全球大型资产网络的"企业群"结构所得出的结论之外，还有两个特点呼之欲出。首先，欧洲的横向管理网络并没有像在美国那样被摧毁，它继续扮演着重要角色。其次，在欧洲，金融企业并不像盎格鲁—撒克逊模式那样，占据等级体系中的高位；非金融类企业之间所形成的联系更为直接。[1]

在这些发现之外，还需要加上一个"欧洲化"进程：

1. 欧洲的横向管理网络保留了显著的国家特色，尤其是在德国和

第八章　欧洲特征：德国式的工业主义和法国式的金融化

法国。但它开始有向整个欧洲大陆拓展的趋势。引领这一潮流的是欧洲西北部有统治力的企业。欧洲工业家圆桌会议在欧洲企业之间扮演了重要的中间人角色，它确保了欧洲大陆范围内的协调沟通（参见前文表框6.1）。

2. 与美国或欧洲内部企业的联系相比，跨大西洋的联系相对薄弱。在美国管理网络减少，欧洲管理网络保持稳定的背景下，这两个区域之间主管位置交叉的情况不多，以2006年为例，尽管这样的交叉已经减少，但在两家美国企业董事会找到相同主管的可能性仍然比在一家美国企业和一家欧洲企业之间大了七倍；而在两家欧洲企业之间，这一可能性更是增加了九倍。从这一点来说，跨大西洋的联系显得很有限。

至于金融业在欧洲大陆的位置，则无法一概而论。德国在本土部分保留了从战后继承而来的银行和非金融类企业之间的优先联系，这是莱茵资本主义的特征：银行在一个非金融企业团体内部扮演了稳定的注资者的角色。相反，在整个欧洲范围内，非金融类网络（工业和服务业）则并不是按照这一模型而建立起来的。银行不再像先前那样扮演核心角色，后者现在转由非金融企业的代表来承担。这是一个特殊的系统，既非莱茵式，亦非新自由主义式。

于是我们便可以得出一个重要的结论：那就是这些观察见证了一个工业及服务业意义上的欧洲的存在，它相对独立于广义上的金融和特殊的美式金融。

在盎格鲁—撒克逊路径之外：新自由主义和新管理主义的混合

这些研究结果与前一章的结论一起，让我们思考欧洲主流社会秩序的性质。显然，这一社会秩序并没有集结盎格鲁—撒克逊式新自由主义的全部特征。但如果将欧洲称为"非新自由主义"大陆就矫枉过正了。欧洲的社会秩序将新管理主义的一些方面和新自由主义的某些面结合了起来，管理网络的持续存在和金融统治的相对弱势便是明证。

这些特征又与金融化和工业化这两种选择联系在了一起。与欧洲的两大网络（分别是资产—控制权网络和管理网络）自然对应的是两大取向：新自由主义金融取向和新管理主义工业取向。这两种方案的对立性清楚地体现在了与欧洲工业家圆桌会议相对应的欧洲金融服务圆桌会议（European Fiancial Services Roundtable，EFR）的存在。在2013年欧洲工业家圆桌会议的53名成员中，没有一家金融机构的身影（除了一家集合了某个瑞典工业家家族旗下所有公司的控股企业）。相反，欧洲金融服务圆桌会议的21名成员则都是欧洲银行业和保险业的领军人物。它们是真正的欧洲新自由主义派：与欧洲工业家圆桌会议一样，它们关心欧洲的整合，但它们行动的目的不是为了发展欧洲经济，而是推广欧洲自由市场，使其对世界开放；并建立一个真正独一无二的、集批量和零售金融服务于一体的市场。[2]

还需要指出的重要一点是：这些欧洲的新管理主义和工业主义特性似乎从2008年危机开始有了加强的势头：[3]

1. 欧洲的管理网络不仅没有解体，反而在当下的危机中得以加强。

2. 存在于欧洲企业董事会和盎格鲁—撒克逊企业董事会之间的纽带失去了张力，这印证了两者分离之势的加强。

3. 欧洲金融服务圆桌会议并没有得到它为之奋斗的金融服务自由化。这一自由化曾被写入最初的《波尔克斯坦指令》，但在最终达成的版本中被删除。

我们的基本解读需要在延续前几章的分析体系的基础上加以理解。数十年来，新自由主义化进程一直按部就班前行。它在欧洲的发展速度

第八章 欧洲特征：德国式的工业主义和法国式的金融化

比在盎格鲁—撒克逊国家来得慢。金融从未在欧洲彻底摧毁过老式的机构体系。后者在经历了一些自身的演变之后，管理者的角色依然是决定性的。此外，一个"去新自由主义化"和"新管理主义化"的进程却开始出现。从这个意义上说，欧洲工业领域的主管们虽然超越了战后的妥协方案而与资本家走到了一起，但他们却并未完全放弃自身的领导力。

说到这，有必要提一下日本出现的一些趋势。尽管这个国家很依赖盎格鲁—撒克逊网络，但它身上出现的这些趋势却与欧洲特征之间有着明显的联系（见表框8.1）。由此可见，处于最完备模式下的新自由主义也只能对世界进行部分统治，甚至可能正处在衰退当中。

表框8.1 抵抗中的日本？

我们已经强调过日本社会对于盎格鲁—撒克逊金融的依赖性：75%的日本企业属于美国"企业群"。因此我们很容易理解为什么股东激进主义会触怒日本，以及背后黑手是美国的投机基金这一事实。有一份针对这一激进主义所作的研究强调了美国投资者在向外国输出盎格鲁—撒克逊式的"企业治理模式"过程中应负的责任。[4] 在这份研究看来，在激进主义的指导下，遭到攻击的企业被迫以习惯的方式将现金流分发给股东，譬如通过分红或者通过回购股份以抬高股价。1998年至2006年间，日本企业遭遇了一波史无前例的攻击浪潮。然而，受到打击的企业却开始执行有效的防守战略，最终缓解了攻势。

另一份研究表明，从2000年开始，类似的抵抗越来越多。[5] 当所有人都宣扬盎格鲁—撒克逊标准普及化的时候，这份研究的作者却发现了相反的现实：各大企业开始重建过去的行为方式，加强管理者在所有者面前的权力（包括稳定职业，实行终身制），

大分化——正在走向终结的新自由主义

这可以算是战后妥协方案的新形式。这一运动受益于法律框架的转变，后者是催化剂。

法国：建立金融纸牌屋的政府

我们所观察到的盎格鲁—撒克逊模式的局限或者衰退在有一个地方似乎并不存在：这一重要的例外就是法国所走的金融之路。在新自由主义全球化面前，这个国家的领导人选择了发展他们的金融机构，而德国却依然坚守自己的工业阵地。[6]

在当今法国银行体系顶端，我们惊人地发现了一种不同性质企业之间的混合体：既有互助性机构，又有私营企业和国有企业。其中最大的三个机构是互助性质的。第一位是农业信贷银行集团，它由农业信贷银行和前里昂信贷银行组成；第二位是由大众银行和储蓄银行组成的 BPCE 集团；第三位是互助信贷银行。排在它们之后的是国有的邮政银行。最后两位是私营的兴业银行和巴黎银行。

1993 年里昂信贷银行的近乎倒闭及后来被农业信贷银行收购的事件可能是法国金融史上的最大灾难，但我们不会在本书中对此作出专题分析。这个国有银行的失败不只是出于管理者的不谨慎，也是历届法国政府实行的系统政策所带来的后果。我们将在此关注三段历史：分别与农业信贷银行、法国信托投资银行和德克夏银行、BPCE 集团下的储蓄银行和大众银行，以及法国外贸银行有关；这些历史还牵涉了一系列公共或者互助金融领域的机构。同样的剧情轮番上演，最终归于悲剧结尾。对于这整个过程可以做出如下概括：战后时期，"现代化"进程，全球化和新自由主义革命，然后坠落。

20 世纪 90 年代法国的金融体系是金融机构"改革"的结果，后

第八章 欧洲特征：德国式的工业主义和法国式的金融化

者在战后妥协时期曾作为国家的政治工具而存在。农业信贷银行曾以弥补农业相对于其他经济领域的落后为使命，方式是资助为重建和机械化所做的种种努力。它应该支持了写入1960年和1962年农业法案的规划，后者旨在为农业领域面对欧洲共同市场的竞争做准备。法国信托投资银行曾为工业政策服务，支持国家及地方团体在经济领域和社会住房问题上的公共任务。20世纪80年代末，它分别在南方公司（后来的安盛保险公司）、液化空气集团、通用水务公司（后来的维旺迪）、BSN（后来的达能）、标致、道达尔、拉法基等企业占有部分资产。储蓄银行则确保了在住房、社保、公共卫生、救济等方面为公共利益服务的职能……

20世纪80年代和20世纪90年代突然发生的转变是令人震惊的。首先是1983年后的一股放松管制的浪潮。如此一来，证券市场的规模在1980年到1987年间翻了25倍，标志着法国成功地进入了新自由主义阶段。而米歇尔·阿尔伯特1991年出版的那本书则可以被认为是一份宣言，旨在中断这一向"新美国"模式靠拢的金融误区，推崇表现更好、更公正的莱茵资本主义。[7]

大拐点出现在1993年爱德华·巴拉迪尔（Édouard Balladur）执政时期。1995年之后，阿兰·朱佩（Alain Juppé）以私有化（将公共和泛公共金融机构私有化）和融入金融全球化之名延续了同一政策：

1. 我们从德克夏银行的案例开始讲起。法国集体设备资助银行（CAECL）曾是信托投资银行的一个分部，由皮埃尔·理查德领导，资助地方团体。它后来更名为法国地区信托银行，后者在1993年被私有化，并于1996年与比利时社区信托银行合并，成为德克夏银行。它们曾经的目的是成为地方团体资助方面的全球领导者，这一目的也确实达成了。在迅速发展的金融市场里，德克夏被指责缺乏活力，其资产所有者得到的分红太少。于是它便开始提速。获得快速增长的方式大家心知肚明：德克夏银行调低短期贷款利率，抬高长期贷款利率，这一措施起初营利性很好。接着，它开始进行大肆收购，收购对象涉及了西班牙、意大利、以色列、土耳其、日本、美国等地。

2. 法国外贸银行（Natixis）的历史更为复杂。由政府主导的私有化—结构重组大戏继续上演。来自私人或者公共领域的新角色开始登场：一家由国有银行持有的企业，法国对外贸易银行（BFCE）被半公半私的国家信贷银行收购。由1996年的这次合并所诞生的银行名为纳特西斯（Natexis）。两年以后，后者被大众银行收购。另一方面，1995年，储蓄银行新增了一个中央部门——国家储蓄银行（CNCE），旨在确保其各项商业银行的职能，诸如资助新股发放、针对金融市场，尤其是衍生品市场的操作，以及帮助企业进入国际市场等。2004年，国家储蓄银行收购了伊克西斯（Ixis）。而法国外贸银行正是2006年纳特西斯和伊克西斯合并的产物。这一拼图上出现的拼片都规模巨大。以2007年数据为例，就其对世界经济的控制力而言，法国外贸银行和国家储蓄银行都位居世界前50大企业之列，分别排名第17位和第37位。

3. 农业信贷银行的成长更容易描述。它由一连串的银行收购而形成，尤其是1996年对东方汇理银行的收购和2003年对里昂信贷银行的收购。反响最大的一次收购则是对希腊艾波奇（Emporiki）银行的收购。到了2010年，农业信贷银行已经遍布全球70个国家。

上述这些银行的结局都是相同的两个字：危机。随着金融危机的到来，这些机构损失惨重，股指崩盘，就当下来看，没有复苏的希望。图8.1针对这一漫长进程的最后几个阶段做出了简略的回顾。

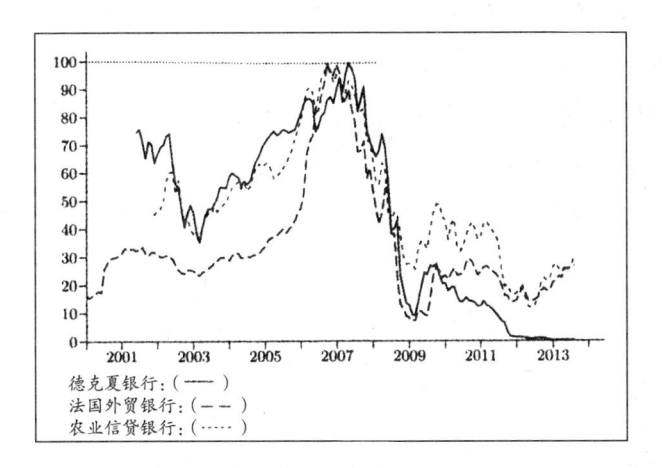

第八章 欧洲特征：德国式的工业主义和法国式的金融化

图 8.1 三大银行的股票走势（指数，最大＝100）：德克夏银行、法国外贸银行和农业信贷银行

被击倒在地的德克夏银行在 2008 年底得到了由比利时、法国和卢森堡三国共同出资的一个金额高达 60 亿欧元的援救计划的救助。2011 年底的欧元区危机打败了集团的努力。目前，它正考虑接受一个需要再次注入公共资产的拆分计划。与此同时，亏损还在继续，2011 年是 116 亿欧元，2012 年是 29 亿欧元，2013 年上半季度则是将近 10 亿欧元。而法国外贸银行的市值则在不到两年时间内损失了 95%。2009 年 3 月，更是跌破了每股 1 欧元的门槛。面对危机，萨科齐的亲信弗朗索瓦·佩罗（François Pérol，来自罗西尔德银行，后来成为萨科齐的经济顾问）主持了储蓄银行和大众银行的合并，成立了 BPCE，国家为此投入了 40 亿到 50 亿欧元，并持有 20% 股份。佩罗被任命为这一集团和法国外贸银行的主席。至于农业信贷银行，它与希腊艾波奇银行一起亏损不止，后者以 1 欧元的象征性价格被出售；仅仅这一操作，

就花去了将近90亿欧元。

抛开这些灾难性的结果不谈，我们可以看出由政府和公共部门牵头建设的法国金融领域的一些别样的特征。无需再强调它与美国金融模式的差异。由这些法国金融机构所构成的金融领域远不如美国那样与我们所说的"金融"（资本家阶级及他们的金融机构）紧密结合。它们完成了一些常见的金融操作，但它们远非资本主义所有制下的机构的延伸。它们曾经试图模仿，但并没能实现再生。当然，这倒也不妨碍法国金融体系中的某些成员在世界大型金融机构中站稳脚跟。

德国和法国：融入新自由主义全球化的两种不同形式

在对外直接投资领域德法的不同做法是两国经济轨迹相异的第二个元素。首先，从1990年开始，法国的直接投资存量（输出和引进资本的总量）更大。图8.2显示了两国对外的投资存量占国内生产总值的百分比。我们可以发现20世纪90年代增幅巨大，这是资金疯狂外流的结果，尤其在法国。而在随后的日子里，这一存量在法国只不过勉强得以维系。从2000年开始，存量的水平在法德两国都差不多稳定下来：输出资本占国内生产总值的平均比例分别是57%和37%，引进部分则分别是38%和18%。如果用输出资本比例减去引进资本比例，那么得出的数据对于两国而言是大致相同的，占了国内生产总值的19%左右。

最有意思的还是这些投资的去向（见表格8.1）。两个国家最大的差别在于：与德国相反，法国的投资大量地涌向了金融领域。以2010年为例，在德国的对外投资存量中，只有780亿欧元投向了这一领域，而法国的数字则达到了5,330亿欧元。在金融领域之外，两国的对外投资还涉及了工业制造和控股管理公司

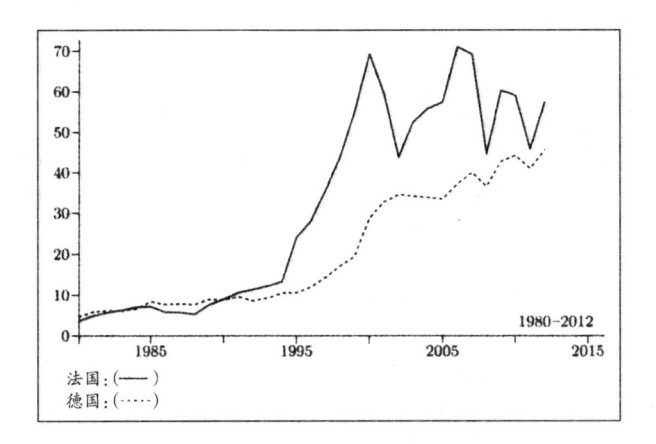

第八章　欧洲特征：德国式的工业主义和法国式的金融化

图8.2　对外直接投资存量（占国内生产总值的百分比）：法国和德国。

表格8.1　2010年对外直接投资存量（单位：10亿欧元）：
德国和法国

流向所有第三世界国家

	制造业	与总公司相关活动[+]	金融活动[*]
德国	142.6	421.4	77.8
法国	108.2	242.1	532.8

+ 或控股管理公司　　*包括保险。

数据来源：欧盟统计局（Eurostat）

领域。[a] 它们是德国资本优先流向的地方。因此我们可以了解这两个国家各自的投资战略特点：德国重工业和管理，法国重金融。

---

a　这些控股公司经营的是与总公司相关的业务，涵盖了"对于同公司内其他部门的控制和管理"。参见欧洲委员会2008年《工作簿》中的"欧洲共同体中经济活动的数据规律"。

这两个国家的战略差异也体现在资金流向地的地理位置上：法国主要投资南欧，而德国投资东欧，即前苏联国家。表格8.2的数据很能说明问题。2010年，德国对于东欧制造业投资的存量超过250亿欧元，而法国的这一数字却低于40亿欧元。而法国对于南欧（西班牙、希腊和葡萄牙）金融业的投资则高达230多亿欧元，德国的这一数字不足20亿。如果将东欧和南欧两个区域合并，法国在金融领域的直接投资存量是德国的七倍。

表格8.2　2010年对外直接投资存量（单位：10亿欧元）：德国和法国

流向东欧和南欧

	制造业	金融业
德国流向：		
东欧	25.6	4.5
南欧	4.6	1.9
法国流向：		
东欧	3.6	18.6
南欧	5.5	23.3

数据来源：欧盟统计局

这些观察表明两国对于经济活动的外向化有着同样的热情，只是有各自专门的形式。德国偏向东欧，在其工业领域内进行操作，而我们知道后者与它本土的工业息息相关。法国则侧重金融领域，它的资本流向各不相同。

这就是我们所认为的两国在21世纪最初十年里各自的工业产值出

第八章　欧洲特征：德国式的工业主义和法国式的金融化

现差异的核心原因。这两种不同战略所导致的后果还没有很明显地体现在两国各自的国内生产总值增长上，因为后者只是在近期才向着不利于法国的方向发展。但毋庸置疑的是，我们找到了德国对外贸易恢复盈余和法国外贸赤字上升的根源。

从更广义角度上说，在其泛社会化的政策之外，德国懂得如何在盎格鲁—撒克逊式新自由主义模式面前保持独立，而金融优先的法国则进入了这场大型的赌博之中，这一选择带来的灾难性后果我们已经见识了……

第九章　国际竞技场

我们从前两章得出了一个结论：股东和管理者之间的关系是决定性的。盎格鲁—撒克逊式新自由主义的做法是要确保资本所有者的统治地位。但这一霸权并不是无限的，它甚至正受到蚕食，尤其是在2008年危机之后。这些阶级关系与国与国之间的等级体系不可分割。"盎格鲁—撒克逊模式"这种表述本身就带有地域指向性，我们当时称其为一个"帝国"。本章正是要研究这些国际等级关系。

老牌资本主义国家霸权遭到蚕食

老牌的发达国家依旧是世界的经济中心，但正如以国内生产总值的规模（以购买力平价来衡量，见表框6.2）为首的一部分指数所显示的那样，它们的力量受到了威胁。2012年，美国实现了全世界18.9%的产值，而中国是14.9%。这些新的基准源于21世纪最初十年发生的一些剧变。图9.1描绘了不同国家群体占全球国内生产总值的份额：第一组是旧世界中心国家，美国、加拿大、老牌欧洲资本主义国家、澳大利亚、新西兰和日本；第二组是亚洲，不包含日本和中东；第三组是其他国家，即中东的石油国、前苏联国家、拉丁美洲和非洲。

第九章　国际竞技场

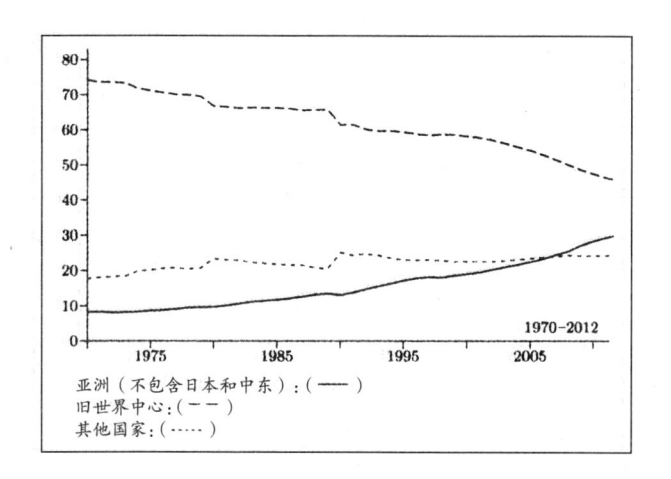

图9.1　三组不同国家群体占全球国内生产总值的份额（百分比）

走势的断层与某些国家被纳入数据库有关

这一图表再次体现了亚洲相对而言的超速增长（尤其是中国和印度）：从1970年到2000年这30年间，增长了10.7个百分点（占世界产值的比例从8.3%升至了19%）；而2000年之后的12年间，又涨了11.1个百分点。与此同时，旧世界中心国家却有所下降：从1970年的74.1%降到了2012年的45.6%（1970年到2000年之间下降了15.8个百分点；2000年后又降了12.8个百分点）。其他国家也取得了增长，特别是石油国家。拉丁美洲的份额则一直稳定在9%左右。

工业生产的地域转移是老牌资本主义国家受到蚕食的另一个症状。图9.2展示了这几个不同国家群体的工业化程度。旧世界中心国家的去工业化进程十分明显，工业占经济的比重从30%降到了18%。而相反，亚洲国家（不包含日本）却从20世纪90年代后半段开始进入工业化阶段，"其他国家"也一样，只是幅度较小。

大分化——正在走向终结的新自由主义

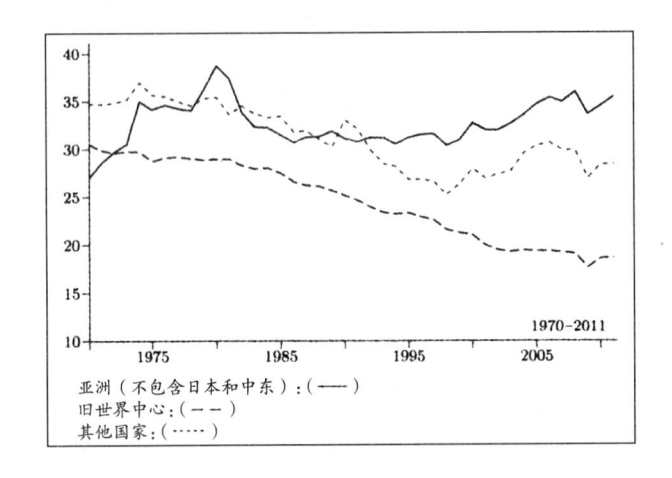

图 9.2　三组不同国家群体的工业化指数

实现了这 2,000 家企业 64.7% 的利润。而亚洲企业达到了 420 家，其变量是工业带来的附加值（在图 6.5 中已有定义）在相应区域内总附加值中所占的比例。总附加值涉及所有产业：工业、建筑业、服务业、政府、农业等等。

表格 9.1　2013 年全球最大的两千家企业的数量分布

旧世界中心	1374	68.7%
亚洲（不包括日本和中东）	420	21.0%
其他国家	206	10.3%
总数	2000	100%

数据来源：福布斯，全球 2,000 家领军企业。福布斯排行榜综合了利润、市值、营业额、资产者四大指数。

老牌资本主义国家优势受到蚕食也体现在每个国家群体内的许多大企业身上。表格 9.1 历数了 2013 年福布斯排行榜上前 2,000 位的企业。旧世界中心的企业依旧是最多的，2013 年它们的比例是 68.7%，实现了这 2,000 家企业 64.7% 的利润。而亚洲企业达到了 420 家，其中有 182 家中国企业（包括香港在内），这一数据在 2004 年时仅为 59；而印度企业则从 27 家上升至了 56 家。

福布斯也给出了一个以美元计算的世界所有 10 亿美元以上资产的富豪及其国籍的清单。结果十分惊人。如表格 9.2 所示，2000 年，80% 以上的富豪属于老牌资本主义国家。而到了 2012 年，后者和世界其他国家则各占了一半。一些记录被中国打破（见表格 9.3），短短十年间，后者在这方面实现了另一个"大跃进"：2000 年时，这个国家没有一个 10 亿以上的富豪；2013 年，这个数据变成了 122。韩国的进步也是惊人的：从 2000 年时的 1 个到 2013 年的 24 个。

表格 9.2　2000 年和 2013 年 10 亿级别富豪在三个国家群体中的数量分布

	2000 年		2013 年	
旧世界中心	482	83.7%	767	53.8%
亚洲（不含日本和中东）	47	8.2%	339	23.8%
其他国家	47	8.2%	320	22.4%
总数	576	100%	1426	100%

数据来源：《福布斯》，"世界 10 亿级别富豪"。

表格 9.3　五个亚洲国家和地区 2000 年和 2013 年的 10 亿级别富豪人数

	2000 年	2013 年
中国	0	122
印度	9	55
印度尼西亚	2	25
韩国	1	24
台湾地区	6	26

数据来源：《福布斯》，"世界 10 亿级别富豪"。

大分化——正在走向终结的新自由主义

联合国定义的"新兴发展中国家"日益增长的重要性也体现在它们在对外直接投资网络中地位的加强。20世纪70年代，这些国家得到的投资大约占了全球总额的25%；到了21世纪最初十年，出现了上涨的趋势，如今它们已经吸引了全球一半的投资。同时需要强调的是出自这些国家的投资也在2010年之前超过了全球总额的四分之一。中国的对外投资在2003年时还可以忽略不计；但随后它开始飞速增长，到了2012年，已经超越了法国和德国。[a]

最后，我们还可以指出的是这些老牌资本主义国家不仅是被包围了，同时也被绕过了，因为"边缘"的贸易和投资圈开始建立起来。尽管资金流依然主要流向它们，但其他国家已经发展起了相互之间的交流。最常被举例的国家就是巴西，它的外贸越来越向中国倾斜。20世纪90年代末，巴西出口的60%去往美国和欧洲，这一数据到了2012年就只有37%了。这个国家目前对中国的出口已经超过了对美出口。在对外直接投资领域，类似的趋势也出现了。韩国就是一个有意思的例子。这个国家历来在美国和欧洲投资，但在21世纪最初十年，流向亚洲，尤其是中国的资金与流向老牌资本主义国家的资金开始持平。

资本积累的混乱和国际交易的失衡

经济增长和对外直接投资在地域上转向"边缘"国家这一现象说明资本积累也渐渐放弃了老牌资本主义中心。"边缘"国家的资本积累有两大来源。一是本国资本：与其他任何地方一样，那里的企业用自己的利润进行再投资，而家庭储蓄也能得到利用。这些地区跨国企业的快速发展证明了本国资本是最重要的资本积累源泉。第二个来

---

[a] 中国香港也一样，但如果将中国内地与香港两者合并的话就一定会出现重复计算的情况。

第九章　国际竞技场

源是老牌资本主义国家的对外直接投资。除了附带效应（即生产或管理技术的转移）之外，这些资金也为目的地国家的资本积累做出了贡献。对于旧世界中心而言，这一进程是对称的。对外直接投资说明了资本积累向世界其他地区倾斜。

在美国，形势的变化极富戏剧性。图表9.3描绘了新自由主义引领下的非金融类企业本国固定资产投资（实体投资）率下降的趋势。除此之外，它还显示了对外直接投资净值（输出资本减去引进资本）的走势。这一资金流从20世纪90年代开始上涨，直到与本土固定资产投资线相重合。[a] 图9.4展现的是同样的变量在欧盟的情况。欧盟内非金融企业的固定资产净投资额（扣除折旧）与美国一样处于迅速下降过程。与美国相比，它的对外投资净值稍稍少一些；尽管有过两次蹿升，但没有任何上涨的趋势显现。我们还发现：在经济活动高峰期，出口资本的走势与针对欧洲本土的固定资产投资的走势有着很大程度的重合。

物质生产去本土化的一大表现就是对外贸易的失衡。图9.5比较了2012年四个顺差最大的国家（沙特阿拉伯、德国、俄罗斯和中国，包括中国香港在内）以及四个逆差最严重的国家（美国、英国、印度和法国）的商品贸易平衡情况，均以其占全球生产总值的比例来计算。我们惊人地发现了美国贸易赤字规模之大。但除此之外，"中心"国家（老牌资本主义国家）和"边缘"国家之间的对立并不能作为区分的依据，金砖四国（巴西、俄罗斯、印度、中国）也不例外。比如说：印度是贸易逆差国，但中国和俄罗斯却实现了贸易顺差；巴西并不在图表研究范围内，但它的国际贸易在该时期的尾声阶段接近平

142

143

144

---

a 这期间对外直接投资两次出现负值，前一次是由于2000年前新科技大发展使得资本大量流入美国；后一次则发生在2008年危机前夕。

115

大分化——正在走向终结的新自由主义

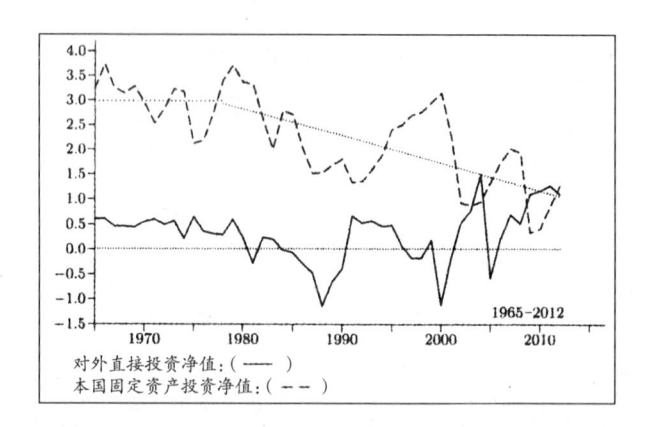

图9.3 对外直接投资净值和本国固定资产投资净值占国内生产总值的百分比：美国的非金融企业

对外直接投资净值等于输出资本减去引进资本。

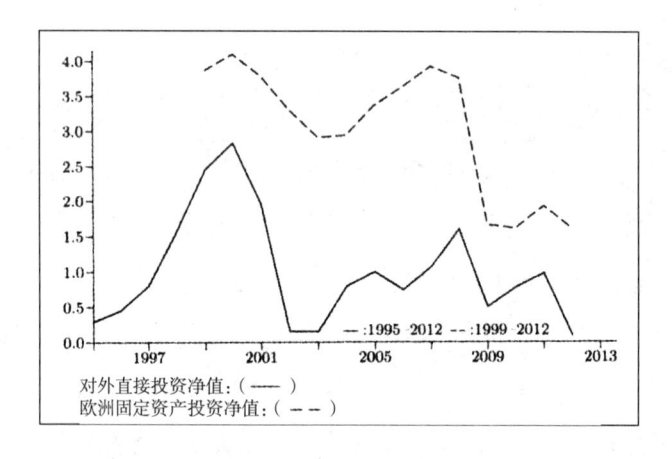

图9.4 同样的变量：欧盟

1999年以前的固定资产投资无法获取。

第九章 国际竞技场

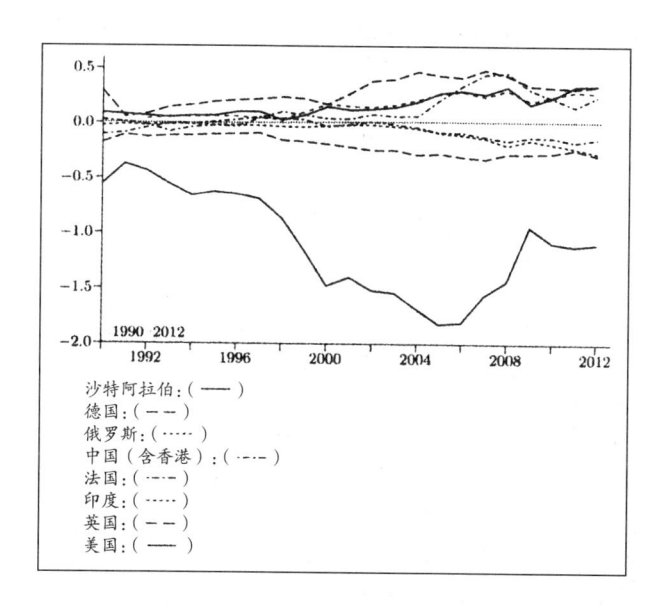

图9.5 商品贸易平衡（占全球总产值的百分比）：2012年顺差最大的四个国家和逆差最大的四个国家
图表中的国家清单由顺差最大向逆差最大依次排列。
两组国家的指示线相同。

衡。此外，表格还印证了21世纪最初十年德国和法国各自为政的影响。但工业生产的选址并不能解释一切。在顺差国中，拥有碳氢化合物是决定性的。另外，在国际商品交易的基础上，还应当加上服务与收入的互易。对外的投资和借贷带来了由接受国支付的分红和利息。然而，除了个别特例之外，将这些资金流纳入考量并不会对基本局面产生明显的影响。

相比于在本土进行资本积累，新自由主义更重视企业市值（通过分红和收购其他企业股份实现），这一做法也促成了那些追求更高利润的资本流向"边缘"国家。在尊崇盎格鲁—撒克逊模式的国家里，

大分化——正在走向终结的新自由主义

该做法体现得最为明显：

1. 玛格丽特·撒切尔在英国的做法是很极端的：她为了金融业而牺牲了工业；将伦敦建设成为金融中心。这个国家的资本收支情况就是这一选择的反映。无论是对外的投资还是引进的投资都有非常高的收益。我们可能会认为进入英国的资本明显高于外流的资本，而这可以抹平贸易赤字。事实上，赤字确实因此被抵消了一半；但包含了进出双向的经常收支却依旧处于严重的逆差状态。结论：英国不能成为世界银行并保持其收支平衡，因为它对于消费品或者工业品的需求还是相当大的。撒切尔的赌博正在走向失败。只有那些小国家，如最近成为金融中心的卢森堡，才能在保证其经常收支平衡的情况下走极端的金融化之路。卢森堡是位居美国之后的世界第二大投资基金中心，欧元区最大的私人银行中心。这个国家46%的国内生产总值来自于金融活动。

2. 美国的局势更为模糊。一方面，金融机构发展和资本出口这些相同的趋势在它身上有着明显的体现；另一方面，它却又能在部分尖端行业的研究和生产领域保持极高的水准：该国所拥有的专利权数量以及美籍诺贝尔奖获奖者的数量都证明了这一点。它的经济依旧主宰着部分产业。然而，美国的选择也是以牺牲老工业或者手工行业为代价的。说到底，它还是世界上贸易赤字最严重的国家，且将其他国家远远地甩在身后。

3. 欧洲大陆的情况则比较多样化。德国是盎格鲁—撒克逊模式局限性的最显著体现，和亚洲的韩国一样。我们在前一章已经谈过这个国家在对外直接投资上的战略。这一选择带来的结果与它的对外贸易息息相关：德国有着大规模的结构性顺差。它没有大量的外债，也不受内债（私人或国有主体）增长之苦。至于法国，我们也已经说过：它从20世纪90年代开始走上了金融全球化的道路。结局已经显现：

第九章 国际竞技场

法国的对外贸易直线下降。

保护主义加剧

大家可能已经料到：那些捍卫自由贸易的激昂陈词并不妨碍保护本国工业的愿望催生出形形色色的保护主义措施。这一趋势不仅存在于"边缘"国家或者贸易赤字国家，老牌资本主义中心也不例外。2008年危机加剧了保护主义运动，后者到了2012年末发展得更为迅速。这些行为打击了新自由主义全球化的各种原则。

针对保护主义（或者可以更广义地视为反自由贸易）的研究为其作了一个较为宽泛的定义。这个词主要意味着强制实行进口配额，强制征收关税，强加技术及环境标准，扶持本国出口企业，限制部分原材料出口，对本国工业实施优惠政策等等。这些做法并不局限于贸易层面，它们也影响了直接投资。经济政策研究中心（CEPR）的一份报告历数了当下所有以绕开自由贸易原则为目的的措施。[1] 2012年最后一季和2013年前两季的数据证明了这些措施的数量呈显著上升。

由于世界贸易组织将关税定得很低，一种新的保护模式开始出现，那就是将技术和环境标准加倍，比如某些汽车的二氧化碳最高排量。这导致了出口企业必须专门生产符合这些标准的商品。另一个重要变化在于用双边谈判代替多边谈判：我们可以举美国和韩国双边协议的例子，当下正在进行的美国与欧盟，美国与日本谈判的例子……而另一方面，由世界贸易组织所主导的齐集了159名成员国，并以捍卫多元利益为目的的多哈会议却以失败告终。

不稳定的资金流动，抵抗中的"边缘"国家

盎格鲁—撒克逊式的金融一直为资本在国际范围内的自由流通

而努力。对于资本流通障碍的警惕与一切操作都有关系：不管是对外直接投资还是一些更不稳定的资金流动。这些资金流同时为筹集资本（尤其是在某些国家的一些低价贷款）和实现任意类型的金融操作做出了贡献。前者显然是为后者提供资金支持的，但通常伴随着极高的欠债率。由于这些机制的国际性特征，大量的资本在不同货币之间兑换。以规范企业管理者为目的的投机基金活动就是一个例子；但投资，尤其是股票市场的投资也牵涉其中。在此我们可以提一下所谓的"套利交易"：即投机基金从低利率国家借款，在高利率或者股市预期收益较高的国家进行投资。这类资本运动对于金融市场扰乱很大。当大量资本从一种货币兑换成另一种货币之时，它会导致严重的利率浮动，目标国的股市也会大起大落。[2] 20世纪90年代"边缘"国家的危机很好地证明了这些做法对于金融稳定的破坏。在当下的危机中，冰岛、塞浦路斯、爱尔兰或者巴西的经验也都印证了同样的问题。

对于这些风险的意识在"边缘"国家已经开始上升。作为这方面的规则制定者，国际货币基金组织的历史就证明了这一点。该机构1944年的起始宪章允许资本控制。之前我们已经回顾了20世纪70年代在美国和经济合作发展组织（OCDE）的施压下的自由化进程的不同步骤，当时对于资金管理采取完全接受的态度。然而，这些行为在20世纪90年代危机中造成的有害影响却并没有激起回应。在部分成员国的施压下，国际货币基金组织不得不接受了危机情况下资本控制的原则。[3] 资本自由流动的捍卫者们在这场对抗中退却了，直到今天依然如此，反抗派的领军人物巴西是一个深受套利交易之害的国家。别的国家也追随着它，如泰国和韩国这样曾经采取过限制措施的国家。结果是国际货币基金组织如今将资本控制视为一种合法的手段，甚至

第九章　国际竞技场

非危机时期也可以使用。2013年针对印度卢比危机做出的反应就证实了这一抵抗运动日益壮大的事实。金砖四国与南非一起，也曾经设想过建立一个共同防御基金以对抗资本不正常运动。最后，还需要指出这些资本运动与逃税之间的联系。开曼群岛的椰林背后其实是金融全球化的森林。

第四部分 对峙

第十章　美国—欧洲：右翼的野心，一致与分歧

当我们只作粗略描述的时候，欧洲右翼和美国右翼的方案是雷同的：两者都试图将危机转嫁给大众阶级。然而，如果不接受重大调整的话，新自由主义不太可能撑过经济危机；而事实上，我们已经看到这些调整的端倪了。在进行了更为细致的研究之后，美国和欧洲的差异显现出来。因此，我们对于这两个地区的"诊断"也有所不同。

新自由主义道路在美国的延续

我们在此要提出的假设是美国根本性的新自由主义路线将会得以延续。第一个理据是这个国家已经将这种社会秩序的逻辑发展到了最高层面。我们无意低估那些抵抗新自由主义的斗争，但美国的社会控制是很强的：无论是在治安领域，政治领域，意识形态领域，还是在信息和教育领域，以及被美国人奉为宗教的"保护消费者权益运动"等，包括我们还没提到的宗教本身。以上所有因素都导致极端社会抗争在美国出现的可能性十分有限。第二个让新自由主义在美国成功的原因在于盎格鲁—撒克逊帝国的超强实力。它们的金融机构（背后是资本家阶级的顶层部分）控制了全球生产体系中的重要一块。我们也可以用大家更为熟悉

的话来描述这一观点：那就是这个国家的经济霸主地位建立在由众多金融及非金融跨国企业组成的庞大机器之上。我们很难想象会有一些措施能为了生产地域再分布而破坏这一遍及全球的网络。

有人可能会做出与我们相反的"诊断"，认为金融和经济危机，以及美国国际霸主地位的衰落可能激发爱国主义或者民族主义热情，而后者与新自由主义的选择相悖，被称为"民族因素"。其中蕴含了巨大的变革潜力。但当下美国经济某种程度上复苏的征兆将"民族因素"的影响推后了，它打开了一种不经历剧变而走出危机的可能性：既然一切都变得没那么糟了，为什么还要变呢？

美国的暂时好转：部分走出衰退

在欧洲看来，美国的经济状况显得相对较好。如图 10.1 所示，2008 年至 2009 年的衰退是持久且深远的，但自 2009 年中期开始，重新实现了稳定增长，尽管幅度还很小。其他指数也印证了这一反弹：例如曾经一度暴跌的房产交易出现了新增长，甚至汽车买卖都超过了危机前的水平。然而，并非一切都尽如人意。工业生产还没有恢复到 2008 年危机前的水平。2013 年 7 月，它仍然比 2007 年 12 月的峰值低了 2%。根据 2013 年的情况我们可以做出以下判断：一个新经济周期的轮廓开始出现，美国经济处于上升期（这些周期的更替在图 9.3 所描绘的投资情况中得到了清晰的体现）。在图中所示的阶段尾声出现的投资复苏预示着美国将走出危机，但目前看来，路还只走了一半。

一个众所周知的问题就是家庭负债，它曾是 2008 年危机的导火索。1964 年至 1984 年间，家庭债务占税后薪资的比例稳定在 66% 的基准上，而在经济危机前夕，这一数据蹿升到了 134%。2013 年第一季度，依然有 112%。尤其令人感到惊讶的是：家庭无法偿还的那部

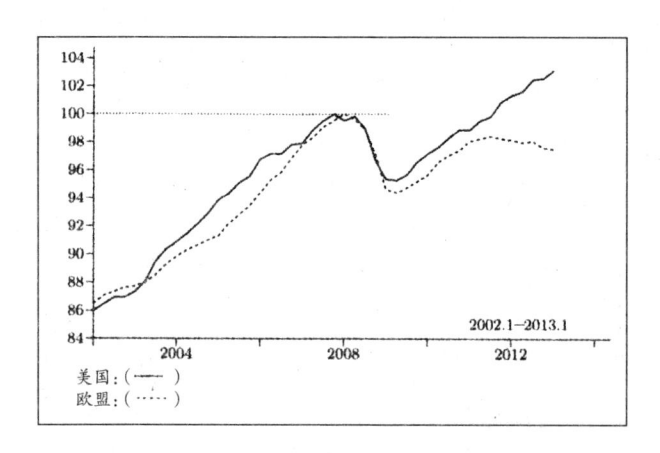

第十章 美国—欧洲：右翼的野心，一致与分歧

图 10.1 国内生产总值（指数，2007 年至 2008 年的最高值 = 100）：美国和欧盟

分也不足以抵销欠债，而在次贷危机最严重时期，相关的利率依然只比最高点稍低一些而已。美国政府在联邦储备银行的支持下，通过房利美和房地美对最初实行这些家庭抵押贷款的金融机构大量注资。问题是这些机构把由此而得到的现金存入了它们在美联储的账户中，因为对于它们而言，在央行存钱比持有家庭贷款可靠许多。从美联储到美联储的这个循环洗白了借贷者的账目，但却并没有给经济带来注资，也没有刺激需求。

金融的复苏持续地得益于政策的支持。一方面，各大金融机构在危机最严重时得到救助，抵押贷款也得到重新注资；另一方面，公共赤字的比例却在 2009 年达到了国内生产总值的 12%，公共债务也飞速上涨。据图 10.2 所示，在 2009 年第二季度衰退谷底时期，公共债务的增长率与上一年同期相比达到了 36% 这一峰值。而在图表所示阶段的尾声，这一比率也远高于生产增长率。到了 2013 年第二季度，由于强制实行公共开支封顶，迫使政府节衣缩食，债务涨速下降。而美联储则继续通过回购早前发放的国债注入大量资金。

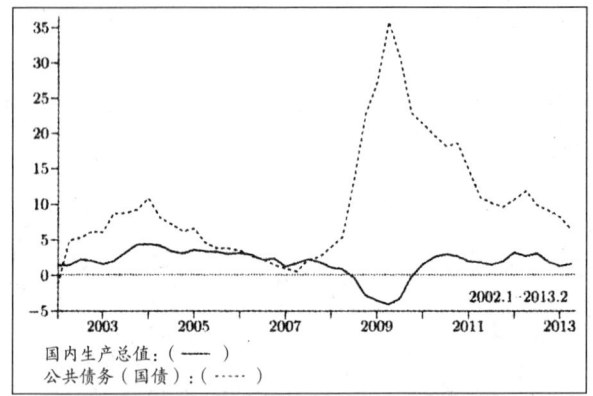

图10.2 国内生产总值增长率与公共债务比例：美国与上一年同季度相对比的增长率。

美国能赢得全球化的挑战吗？

中央政府的努力和新自由主义动因的顽固性之间形成了有力的反差。没有任何征兆让我们感觉到以追求股价最大化的企业经营逻辑会受到质疑。利润总是以分红的形式"慷慨"献出，股份收购也依然如火如荼：如果我们对非金融类企业作一个整体观察的话，就会发现所有筹集的资本（通过发行股票或者借贷）都被用以收购股份。从这点上来看，投资率会继续下跌。在这样的情况下生产怎么能重归一个可观的增长态势呢？

新自由主义式的管理和倾向资本出口的政策把美国经济引向了一条结构性的贸易赤字轨迹。2006年危机之前，赤字增长的幅度达到了国内生产总值的5.6%；随后有所下降，但到2012年这一数字依然有3.4%。相应的，美国经济对外国投资的依赖继续与日俱增。为了支撑

第十章 美国—欧洲：右翼的野心，一致与分歧

需求，保持本国经济的活力，贸易赤字导致的通货紧缩影响需要通过借贷来抵销，如我们在本书第五章所讲述的那样。但谁来贷款呢？美国政府吗？不管是法律还是债务上涨对于美元造成的威胁都在限制它的开销。美国家庭吗？他们已经过度负债了。美国的非金融类企业吗？它们的借款根本不会刺激投资，而是用来收购股份的。

然而，硬币还有另一面，它对于工人而言或者从环保层面而言都不那么光彩，但却必然对经济有益。它具有三大特征：低薪水、工作流动性和页岩天然气。与其他老牌资本主义国家相比，美国的劳动成本和能源成本较低，这大大改善了工业企业和出口的竞争力。世界最大的企业咨询机构之一——波士顿咨询集团（BCG）预计，截至2015年，美国的生产成本将比它欧洲和日本的竞争对手们低8%到18%。除了低廉的薪水，美国企业也享受着工作的极大流动性带来的好处，在美国辞退工人的成本比在其他发达国家要低得多。[a] 另一个不可忽视的因素是廉价能源："大型水力压裂技术的快速进步让美国可以大面积开采天然气。从2003年开始，美国的页岩天然气生产翻了十倍多。这让它的天然气价格从2005年起降低一半。"[1] 有人认为这些优势应该会让美国享受比欧洲和日本低三倍的天然气成本，而电（天然气可以发电）也将便宜二至四倍。这一非常乐观的预期让大家开始想象生产重归美国，贸易赤字削减的光明前景。美国或许将就此成为这场新自由主义赌博的赢家！

如何概括这些趋势呢？美国社会和威权时期的拉丁美洲社会一样，使用了对于所有右翼而言都不是秘密的一件独门武器：对劳动者，包括中产阶级劳动者施压。我们能认为美国将持久享受比它的竞争者们

---

[a] 波士顿咨询集团的报告指出，以德国为例，法律允许被辞退的员工在几个月，甚至一年多时间内在公司保留全部薪水接受培训。

更低廉且流动性更大的人工,以及更易开采的页岩气吗?世界其他国家会一直在这场成本大战中保持被动吗?诚然,从现在看来,美国领先了一步,但这一优势能维持多久呢?最后,我们尤其需要注意的是波士顿咨询集团的报告似乎没有直言新自由主义的这些本能做法给美国经济带来的巨大压力。一个新自由主义的美国关心的不只是竞争力,还有一个不以普遍增长,尤其不以本土增长为目的的企业治理模式。

因此,美国式的新自由主义似乎还有一段好日子能过,但它离长期保持霸主地位还远得很。人们对于上述威胁的意识还能淡薄。今天,如果说这个国家还有一个社会主体会敲响警钟的话,那么这应该是来自军队那边。大家很容易理解军事领域对于美国工业的相对衰落而产生的担忧,尤其是军工产业。那些号召退出严格意义上的"市场"机制的声音十分明确。美国国防大学一份合作报告的作者们看上去很担心其他国家的进步,他们毫不犹豫地对新自由主义的一些最根本选择提出质疑:"长年以来,美国在金融产业上的模范地位无可争议。但近期美国以及其他经济大国金融体系失灵的连带效应使得美国未来的领袖地位令人质疑。[……]一些对于美国经济体系接受很慢的国家更好地应对了危机。中国和巴西都更为严格地控制了金融体系,它们在危机中也处于一个更有利的位置。[……]一套控制更严的体系的优异表现以及美国体系最近新出现的一些弱点会让大家对后者的优越性进行反思。"[2] 所以,爱国主义(或者民族主义)究竟会与统治阶级的利益产生冲突吗?

在帝国中心:除了改变社会秩序之外,作为颇多

要想延续新自由主义,需要美国扩大政府干预的范围,这一点是很容易理解的。在经济危机中,各大中央机构就已经扮演了决定性的

第十章　美国—欧洲：右翼的野心，一致与分歧

角色，将经济从崩溃边缘挽救回来。这使得大家立刻想要将其与罗斯福新政对比。但当年的那个历史时刻，世界范围内工人运动的力量对资本家阶级形成了巨大的威胁，打开了左翼立场上的妥协之路。而今天的情况则明显有着很大差别。新自由主义延续的可能性远大于1929年经济危机之后第一次金融霸权的维系。当下局面的不确定性只是基于上述一系列转变的可逆性。已经采取的这些措施只是为了短期内应对危机？还是意味着新自由主义进入了一个国家监管得到加强（但依然为延续上层阶级的特权而服务）的全新阶段？如果是后者的话，那么大家可以称其为"行政新自由主义"。

这些国家干预的趋势似乎都势在必行。2008年危机后，通过了《多德—弗兰克法案》以遏制金融行业的过度发展。它的施行受到了共和党人的部分阻挠，但这一设置反映了新的趋势。从2012年开始，各大银行进行的红利发放或者股份收购都要提前接受美联储的审查，这迈出了第一小步。私人债务证券化的行为几乎绝迹；对发放住房贷款银行的注资也重新回到了那些当初为此而设立的大机构手中，后者由美联储支持。与这些新趋势相关的还有在《巴塞尔协定三》中得到加强的银行业所遵循的谨慎法则。

我们也需要把对于自由竞争规则的破坏算在内，无论是在美国还是世界其他国家，这一现象都成倍增长。除了新的规范之外，税收的减轻也被用来刺激工业的地域重新布局。这正是工业家们透过他们的职业联盟所表达的最根本诉求。在讨论2013年预算的时候，奥巴马提出了一系列鼓励地缘布局更新的建议，推动使用可再生能源汽车的制造，推动研发和创新。但同时需要指出的是这方面的信贷依旧不畅通，这些计划也因此在当下缺乏资金。

对于上述情况的总结很容易。如果美国经济需要得到央行的支持，

那么支持就会到位；如果有必要使用对环境造成威胁的新能源的话，使用申请也将会通过；如果"劳动市场"需要变得更加无序的话，相应的措施也将出台。从更普遍意义上讲，不管金融业或者工业家们需要规范，需要松绑，或是需要帮助以维系他们的特权，这些愿望都将实现。这一新型的行政新自由主义的轮廓于是变得清晰起来：它已经不那么"自由化"了，但它的阶级目标依然得到了保留。未来会告诉我们这些干预是否足以确保足够的增长，是否足以避免新危机的突然出现。

鉴于中央机构管理者所承担的角色，这些新趋势越是得到巩固和加强，这一改良后的新自由主义就越接近新管理主义。或许在近期，或许在更远的将来，这都会是一个开放性的选择。但就当下而言，政府干预还是重点。

欧洲：形势严峻，欧洲大陆统一的未来悬于一线

从2013年年末往回看，欧洲经济与美国经济有着许多共同点：投资降低的趋势、欧洲许多国家出现的公共和私人债务居高不下的现象，以及经常收支失衡（尽管欧洲大陆整体上仍保持平衡）的局面。

在这两个地区，2008年至2009年的危机带来了政府预算的严重赤字。尽管美国在这方面打破了欧洲所有的记录，但它的公共部门却比欧洲更好地挺过了这些赤字。在欧洲，"紧缩"一下子便成了关键词。这就是两个地区经济走势各异的原因之一：欧洲经济在危机后的回归只是昙花一现。

欧洲的紧缩玩法是危险的。由此产生的需求收缩给增长带来压力，并可能突然让经济步入衰退，然后出现萧条。图10.3展示了欧盟内部国内生产总值和公共债务的增长率（可与图10.2进行类比）。从2000年至2008年，这两个比率在一种平行走势间徘徊，也就是说两者的平

第十章 美国—欧洲：右翼的野心，一致与分歧

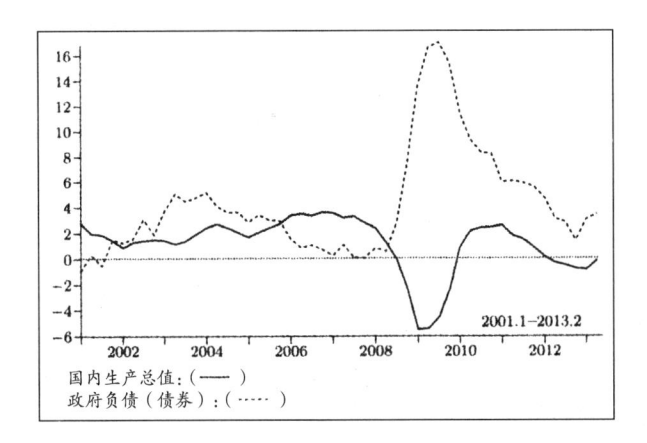

图 10.3 国内生产总值增长率和公共债务增长率：欧盟与上一年同季度相对比的增长率。

均值相同；在节奏上，国家负债的增长也与国内生产总值同步。进入衰退期后，债务随即开始快速增长，到2009年第三季度达到顶峰。此处我们首先关心的是两个变量的平行下降，旨在减缓债务增加的政策伴随着生产增长率的降低，衰退由此出现：最近五个季度的增长率均为负值。我们很难否认公共赤字和增长之间的因果关系，除非有奇迹出现，欧洲各国政府应当要舒缓它们的紧缩政策，这在近期已经开始出现。但是如何遏制债务的增长？如何在对其注资的同时又不违背右翼的正统？有人会指出，鉴于私人和公共债务带来的重负，某些国家在进入衰退期的同时可能还会面临一场金融危机。因此，在欧盟机构中，人们开始尝试建立一个欧洲银行联盟以控制这些风险。

本书第六章和第八章对德法两国经济的比较以及对西班牙危机的分析体现了欧洲国家之间巨大的差异性。2003年以来德法在工业生产和失业率方面（以2012年为例，德国降至5%，法国则飙升至11%，

而西班牙达到了26%）的反差尤为惊人。自20世纪90年代末两国选择了不同的发展轨迹开始（德法分别倾向于工业和金融业的发展，但程度不尽相同），差异就开始递增。在危机时期，这些运动以颇为壮观的形式，在经济最脆弱部门的下滑中得以呈现。我们描述了西班牙工业的兴衰过程，同时强调了法国经济在危机时期也经历了同样性质的清算，尽管规模较小。在法国这个极端的例子中，金融化道路带来的是工业和金融本身的双输。

总而言之，欧盟建立之初所经历的同一化进程和它的持续扩张似乎不仅被终止，还有逆转的趋势。当下的政策更是加剧了这些趋势，或者说至少反映了各国对这一欧盟建设过程中从未出现过的局面所表现出来的漠视或者无力。如果这些政策得以延续，欧元区显然会崩溃。

欧洲右翼的共识：以新管理主义摆脱危机？

虽说资产所有者和管理者之间存在着客观矛盾，但上层阶级的这两个组成部分却因为大众阶级这个共同敌人而走到了一起，尤其是在对大多数雇工施压方面（尽管欧洲大陆上的工会斗争已经减缓了这一攻击性行为）。大家都知道默克尔常挂在嘴边的三个数字："7%、25%和50%"。欧洲人口占世界的7%，产值占世界名义产值的25%；社会开支占世界的50%。我们可以看到对于德国总理而言，哪个数字比较敏感；我们也可以了解到欧洲大众阶级尚有多少捍卫的空间。

欧洲右翼和美国右翼的政策是互通的。在美国，传统工业地区的去工业化（以底特律的破产为象征）导致了工会的衰落，薪资的下降和工人权益的削减。欧洲的政策也是如此，但比起美国有所滞后；它也表现为对深受赤字困扰的国家施压：和美国一样，最受危机影响的

第十章 美国—欧洲：右翼的野心，一致与分歧

产业遭到放弃。除了宣扬预算平衡，德国当局反复强调着它们最喜欢的套路：那就是不惜一切代价保持竞争力。显然，这一建议是赤裸裸地鼓励削减劳动成本。一些更为深入的分析可能会认为追求竞争力的号召也意味着鼓励欧洲改变发展模式：从"金融化"战略转向"工业主义"战略。在右翼立场的统一性之外，我们也会看到读懂德法差异的条条框框，后者与不同国家的选择有关。但金融的各项利益在这一方面是发生直接作用的。

近期围绕着银行联盟所进行的讨论证明了欧洲各国之间的鸿沟。德国和法国、西班牙之间的对立不是偶然的。德国捍卫其地方银行的自主性，因为后者在资助地方经济上发挥着重要作用；但它又大力强调欧洲央行对各国的大银行进行监控的必要性，在德国看来，后者给欧洲大陆的金融稳定带来了一种"系统性"的威胁。对于德国的这些提议，任何一个法国银行家都可能会做出如下声明："100%的法国银行受到欧洲央行监管，而同样的监管却只涉及10%的德国银行，这样的体系我们不要。"[3]这一点评道出了两国金融体系的差别，而后者又反映了两国独有的社会秩序架构，即新自由主义和新管理主义在两国所占的不同比例。两国政府是这些不同架构的体现。默克尔的想法反映了德国式的新自由主义/新管理主义的混合；而奥朗德则毫不犹疑地为法国的各大银行代言。

以上种种让我们明白了欧洲不同社会秩序混杂后深深的模糊性。一方面，我们可以看到与作为模板和帝国的盎格鲁—撒克逊式新自由主义相比，欧洲具有相对的自主性；部分管理网络在欧洲得以幸存；一些革新因素可能会促成欧洲大陆实现对于新自由主义的超越。另一方面，德国式的新自由主义—新管理主义—工业主义道路与法国式的新自由主义—金融化道路之间的鸿沟根深蒂固，在当下的宏观经济轨

135

迹上有着显著体现，因此，欧洲大陆分崩离析的风险事实上相当大。同时，大家还不应该忘记这一鸿沟存在于德国经济本身。我们的预测是：在大众斗争偃旗息鼓的前提下，所有这些右翼将在相互竞争的同时，继续保持合作；但不会出现一个新型的面向未来的模式，不管是统治阶级的未来还是欧洲的未来，更不要提大众阶级因此将要承受的灾难性后果了。

第十一章　欧洲：促成左翼妥协方案，保留并超越

社会化进步已经走入了历史的死胡同，本书以这样一个让人皱眉的发现开篇，而前一章所做的诸多观察也加深了这一观点；现在临近尾声，我们不能不为欧洲指出一些更为乐观的前景就草草收场。我们没有替某个政党制定执政纲领的野心，而是希望借由前文所述内容中可能有帮助的部分重启社会化进步之路：迈向大分化后的"左翼"之路。这同时意味着避免驶入另一条支路，即管理加强之路，不管管理者是上层阶级中的哪个组成部分：是资本家统领下的行政新自由主义的延续；或者管理者们掌控的新管理主义之路的开启。在这一对于历史动因的解读中，管理者阶级扮演了关键角色，它不是起辅助作用，而是作为阶级斗争的全面参与者而存在。本书核心部分的这一发现，并不改变以下事实：那就是只有大众阶级才能通过他们的斗争确保一条属于真正左翼的利好之路占据优先地位。

左翼不需要创建，它本身就客观存在且有着众多流派；每一个都提出了自己认为需要优先考虑的目标。但建立起一个进步性的方案所面临的其中一重困难在于，任何稍稍讲究一些的政治方案都意味着做出一种社会选择：即我们讨论的是哪种经济？需要施行什么样的政治

机制？本书明确站在"左翼妥协方案"一边，类似二战后所实现的局面，但我们既需要对其进行保留又需要超越它。

因此我们需要阐明它的内容及实现方法：首先从动摇金融势力（资本家阶级的上层部分和他们的金融机构）开始，尤其是要动摇盎格鲁—撒克逊金融的统治地位，并创造一个服务于生产的欧洲金融业，两者都是实行其他各项政策的先决条件。随后，还需要研究在妥协方案下维护民主的条件，确保民主目标的实现。

金融面前的三大左翼

我们所说的左翼是一种极端的左翼，与大党派中那些轮流执政的领导层无关，这些党派也有自己的左翼，他们的理想没有堕落，或者出于掌权的目的而稍有堕落。这些声音也出现在社会运动中，但我们无意在此进行罗列，更无意进行社会学意义上的研究。当然，如果要谈一个大型工人联合会和反全球化运动之间的差异，那无疑是巨大的。但这些左翼之间存在着一些或多或少共通的主题，周期性地以口号的形式出现在街头，这些口号表达了他们的共同利益。游行集结了各大组织中的活跃分子和大家所说的"大众阶级"中最广大人群：在大众阶级从这些组织中找到他们所认可的代言人之前，两者之间的交集将一直延续下去。

这一极端的左翼由三部分组成。第一种左翼，在"社会经济派"内部，强调的是大众阶级命运的恶化和欧洲"周边"国家的危机。在它或含蓄或明晰的政纲里，大家可以发现这一政党的目标和手段。它的各种目标体现了社会化进步的诉求：如捍卫就业和购买力，维护一切形式的社会保障，提倡大众教育，保护公共服务，实行国际互助等等。在手段方面，这一流派有着一些遭到极右势力拙劣模仿

第十一章　欧洲：促成左翼妥协方案，保留并超越

的招牌措施：如保护主义，禁止以股市原因辞退员工（禁止关闭获益工厂不符合"市场"标准），金融规范化（比如分离传统银行业务和所谓的"投机"行为），最后是课税（比如"托宾税"），对资本流动实行纯粹的禁止或者专门的约束。这一左翼很快地提出了以下这些词："反全球化"、"退出欧元区"、"国有化"、"关闭证券交易所"。

面对矿物能源的消耗殆尽和气候变暖，"环保主义派"强调保护地球：发展可再生能源，保护生物多样性，掌握环境利益，尤其是阻止因人类活动而引起的气候变暖。他们的主要口号是"反生产本位主义"、"能源过渡"，以及更为强硬的"反增长论"。

第三种左翼是"即刻转型派"。他们不等自上而下的改革而直接付诸行动：提倡注重社会性和团结性的经济，主张团结化的金融，支持一切对抗中央集权化的形式。他们在地方上，尤其是在大众化的街区，主动采取行动以加强社会纽带；在生产方式、消费和生活模式上，他们接受异质性。

这三大左翼各自的理念完全或者说几乎不相互冲突，如果考虑到我们很难既提高购买力又实行反增长措施的话。

定义方案，选择社会

在上文罗列的各种理念之中，很多都需要重新再谈。但同时，大家很容易理解的是：这些方案所体现的雄心壮志在程度上有着相当大的差异。有些措施看上去可以一蹴而就，甚至可以说"可行性"是做出这些选择的依据，当然这也不排除它们背后隐藏着更大的野心。而另一些主张的实现则意味着经济和政治层面上的大地震。

我们可以以第一类措施为例，即以控制金融活动为目的的措施，

如托宾税。当然，这一税收会遭到金融利益集团的反对，因为它的目的在于加大"金融市场"的活动成本。但它并不声称禁止此类活动。其他一些满足于对金融加以限制的规范形式也是如此。然而，我们发现类似措施的大量增加会使得我们的经济无法保持当下的运转模式，从而破坏金融霸权的根基。所有这一类型的措施，无论是在单个还是多个国家实施，都会激起抵抗，引发资本外流。除了可能遭到报复之外，设置关税壁垒也会阻碍跨国企业的运转；规范金融活动或者限制解雇员工也会让企业往监管较松的地区迁移；追查以合法或非法手段避税的企业则会逼它们落户他处……因此，即使以克制起步，也难免从一定时间开始改变世界。

在另一个极端，我们可以列举关闭证券交易所或者反增长的例子。第一项措施以超越资本主义生产为前提。那么，哪种社会秩序会从中受益呢？社会主义？如果是的话，又是哪一种社会主义呢？至于"反增长"，如果可以从字面来理解这个词的话，那么它就要求对生产和收入的构成进行预先控制。[a] 否则如何保证那些必要的缩减不会影响穷人而放过了富人呢？应该由什么样的社会来管理这一进程呢？

在这个非常简单的观察背后，隐藏的是以下事实：每一个方案都意味着选择一种社会。这一过程不能只是单向的，从一种或几种措施出发，带动更普遍的政治经济变革。反一个方向同样是可行的。要知道自己追求的是什么样的社会，它带来了哪些可能性，以便全面深入地考量相关措施。这就是下文所要论述的内容。

---

[a] 说到这里，大家要将危机给了地球一个机会这一观点（即衰退意味着生产和消费的缩水，环境因此直接受益）放在一边。那些为了修正宏观经济失衡而进行最后一搏的政策让某些国家鼓励使用一些不太可取的能源，就像今天美国的页岩天然气。

第十一章　欧洲：促成左翼妥协方案，保留并超越

渐进或是革命？一个跨阶级联盟

大家应该能猜到，左翼的方案与阶级等级相冲突。资产所有者们依然处于金融的中心，并在新自由资本主义中重新焕发活力。他们与管理者阶级，尤其是后者中的上层部分结成了牢固的同盟。成本（即直接和间接的薪资成本，税收和环保产生的费用）最小化，资本家收益最大化是资本主义发展动力的核心。如果没有极端的变革，上述的那些方案没什么实现的可能。那些试图现在就实现社会转型的左翼的种种行为的意义在于他们的创造力和对于民众观念的影响力（即"反宣传"），但如果不能控制大的经济局势的话，他们很难在积累地方活动经验的基础上更进一步。

尽管答案并不简单，但问题很清楚：那就是"权力问题"。如何统领资本主义金融和它的盟友们？传统的马列主义答案围绕着以下一些关键词展开："大众权力"、"社会主义"、"无产阶级专政"；它用无产阶级革命来对抗资本主义掠夺。但历史已经告诉我们：困难并不止于对手的强大，而存在于解放进程的本身，存在于支撑这一进程的阶级关系之中。上述这些道路上所出现的障碍可以极为简短地概括如下："组织与解放"之间的抽象对立背后隐藏了一种阶级斗争。极左翼的领导人们仅仅叫嚷着"我们是民主人士"是不够的；在革命道路上，代理主义（即由政治领导人代替无产阶级执政）具有很难回避的客观基础。

在我们看来，唯一的解决之道在于重归渐进主义之路：即一个逐步超越资本主义的方案，它的支柱在于大众阶级和管理者阶级组成的新型联盟。这一方案也并不能逃脱与解放愿望有着天生关联的阶级模糊性：第二次工人运动的失败便是证据，改革之路由此式微。我们需

要的是大众阶级将自己与管理者阶级之间的联盟有意建立成利益不同的阶级之间的联盟，而不是一个设想中的大型雇员阶级中不同组成部分之间的联盟。光有这样的意识还不够，重要的是这类联盟的实现方法就此得到明确定义。人们必须清楚的是：投身于此，便意味着开启了一个需要得到有效控制的长期进程。我们可以把困难归结为三个问题：1. 考虑到不利于左翼的力量对比关系，如何在此时此地打破上层阶级两个组成部分之间的联盟，并推翻金融霸权？2. 如何避免历史重演？3. 如何将对于这一妥协方案的超越提上轨道？战略已经得到了明确的定义，只是实现起来并不容易：再次进入阶级斗争的博弈之中；从当下社会和国际等级体系上层的对抗中获益，并强制向"左"转型。换句话说，就是打破右翼的团结，实现左翼方向上的联盟，守住成果并伺机超越。这算有野心吗？不如"立马改变一切"的主张那么野心勃勃；这算温和吗？比起任凭消极、绝望和无力感蔓延的做法来说好了许多。

尽管存在各种不足，尽管结局悲惨，但历史先例还是鼓舞人心的。在新自由主义到来之前，世界还存在，企业还生产，小孩比父辈活得更好，人们享有医疗和退休的保障。诚然，这一社会秩序遇到了危机，但我们并非只能任由新自由主义摆布。这一先例最有意义的部分还是在于它留给了我们大量教训，既涉及了它的形成，也涉及了它的解体。

至于改变的动力，则应当诞生于大众势力不同组成部分之间的合力之中；这是建立左翼妥协的根本条件。前文已经强调了多样性，即三大左翼。大家不应该等待一个单一政党，或者不同欧洲国家的不同政党的形成。左翼需要在行动中联合，正如大家在历次大型社会运动中所观察到的那样；他们也需要确立参照物，并在不同组织中认识自己。基础创新行为和委托于智囊团的创新行为之间的互动是永恒且不

第十一章 欧洲：促成左翼妥协方案，保留并超越

可避免的。

而管理者们在这个巨大的历史契机面前也不能保持被动。当下的世界，尤其是欧洲，正面临着一个经济和生态上大型且持久的双重危机。这样的事件必然会导致疑虑和沮丧。在欧洲大陆上，我们观察到一些没有彻底屈服于新自由主义逻辑的管理主义色彩的残存，甚至是新的发展；它们建立起了一个管理者可以倚靠的基础，以便后者重新夺取政治上的主动。管理者们有两大选择：一是在延续他们与资本家阶级的同盟的同时，努力改变两者的力量对比关系，使其向着有利于他们的方向发展，直至重新确立领导地位，达到前文所说的新管理主义；二是和大众阶级一起过渡到一个新的左翼妥协方案之下。

有人曾经说：除非受到新一轮大众阶级抗争的压力，否则无法相信管理者阶级能坚定地选择左翼道路。但这一论断却还是有些武断，我们应当考虑到管理者阶级的内部等级体系以及他们的职能性分类，如行政管理者、技术管理者、金融管理者，等等。事实上，在等级体系的低端，或者在某些职能类别内，大部分管理者并不排斥回归左翼妥协方案。因为在管理者阶级中，并不是每一个人都致富了，许多人都忍受着克里斯朵夫·德儒（Christophe Dejours）口中的"脏活"。[1]危机动摇了原本的确定感，且可能在疑虑最严重的地方将疑虑转化成反叛。对于大众阶级和具有左翼意识的管理者之间的这次邂逅，有许多值得期待的地方。由于自身的职务关系以及处于观念（教育观念、信息观念、文化观念等等）传播体系之中这一事实，这些管理者有望在新自由主义意识形态高墙上打开一个缺口，使得大众的诉求得以渗入。但这需要邂逅真正发生。

阶级霸权和国际霸权

与新自由主义作了结首先意味着在两个上层阶级关系内部推翻金

融霸权。然而，与阶级关系相结合的，还有统治的国际性，这就需要国际社会从美国的霸权中解放出来。阶级层面和国际层面的交叉在盎格鲁—撒克逊式的新自由主义概念里十分明确，后者主要与美国的资本家阶级有关，并指代美国金融机构在世界范围的扩张。每一个词在新自由主义中都具有一些别样的特征，我们在前文已经作了解释，此处再作简短的回顾：

1. 在股份公司中，所有者和管理者对峙的中心地是董事会。后者是我们所说的"资产—管理"平台的核心。在这层关系里，既有合作（支付高薪所换取的顺从）又有斗争（缘自被辞退的风险）。我们以大西洋两岸的情况为例描绘了这两种状态的表现形式以及不同的表现程度。资本家阶级统领管理者的目的在于强制建立起一个对他们有利的企业治理模式。在那里，金融机构是维系股东优势的工具。

2. 在当代世界，经济生产是跨国界的；而它的所有者们则把必要的国际特色赋予了负责总体治理的金融部门。资本家阶级和金融机构的本土性没有打破，但它们的活动范围超越，或者说无视了国土的界限。从这一点出发，输送了大部分资本家以及这个阶级中最强势部分的发达国家的金融机构，也是帝国主义的统治工具。

最后，左翼妥协方案必须从这个双重权力结构中解放出来：也就是说要给予相关国家的"管理者"和"政府"最大限度的自主可能。这将是后两节的内容。

打破金融霸权，重夺管理自主权

左翼妥协方案的首要任务之一将是攻击维系资本家对于管理者优势的工具。这是建立新型联盟的明显前提，也是实现一切替代政策的必要条件。当然，这并不是要解放高级管理者，让他们获益。妥协的

第十一章 欧洲：促成左翼妥协方案，保留并超越

概念既代表了自主，也意味着其他阶级利益对管理者阶级，尤其是该阶级中上层部分利益的限制。无论是在继续这一解放过程上，还是在行使已经重获的自由上，国家机构都需要扮演一个决定性的角色。"制度性经济中心"和"制度性政治中心"这两大权力中心在此处相互作用并不是偶然的。

责怪资本家阶级所拥有的权力可能让人觉得有些野心膨胀。但欧洲所拥有的一些王牌，确实可以部分解释为什么这片大陆比美国更有可能超越新自由主义。尽管在今天的欧洲，全球化已经让欧洲共同体的建设计划解体，工业管理者们依然在资产和控制网络面前保有一定程度的自主性。本书的第八章就指出了其中几大有利因素：1. 从2008年危机开始，我们在欧洲大陆观察到工业主义—管理主义网络的持续发展；2. 这一欧洲网络和盎格鲁—撒克逊世界之间的纽带已经松了；3. 有一些重要因素证明了欧洲经济领土的存在。于是，在欧洲金融业和盎格鲁—撒克逊的影响力这两个层面，新自由主义的危机都引发了一些有利于工业主义—管理主义网络自主化的转型。

不深入这一转型的种种细节，我们就可以指出法律在其中能够扮演的角色。第一个关键是要在非金融领域削减所有者的权力。立法部门有义务更改企业运行的规则。比如限制股东在董事会的权力；禁止企业收购他们的股票；限制分红；重新定义管理者的酬劳制度，特别是要取消以股市表现作为指数计算的规则；禁止与避税天堂之间的联系，等等。对于金融机构，则应当采取更强硬的措施。第一个目标是延续限制股东权力的措施，因为这一权力中的一大部分都通过金融机构实现，我们尤其想到的是禁止投机基金的股东激进主义做法。随之而来的第二目标则是重新让金融业为生产服务，而非相反情况；这意味着克制对于回报率的追求。

大分化——正在走向终结的新自由主义

不难想象，对于所有者权力的削弱将带来一股解约（抛售股份）的风潮，尤其是在欧洲以外的股东当中。事实上，不管是在限制一般意义上的金融霸权还是在限制盎格鲁—撒克逊金融层面，这一结果都是不可避免的，也是我们所寻求的。像战后一样，非金融企业之间相互持有的做法的复兴大有裨益。面对金融势力的撤离，这些企业可以互相收购，这一运动还将伴随着资产重回欧洲大陆的进程。此外，国家也可以在不同程度上，或者视情况在一定时期内，注资金融或非金融企业。对于部分金融企业实行纯粹的国有化有可能成为需要，尤其是在那些以牺牲工业战略为代价而优先发展金融机构的国家，比如在20世纪90年代以来的法国，就需要这样一场迅猛的运动。

打破盎格鲁—撒克逊霸权，在全球化背景下重夺政策的自主性

新妥协方案将会有哪些政策？在此，我们不试图列出目录或是给出"配方"；我们只是会强调选择左翼所带来的效应。它直接表现为两个一般特征：这些政策将会寻求"效率"，并将真正遵循"左翼"理念。引号中的第一个词直接指向了组成左翼联盟的管理者部分；而第二个词则表现了大众阶级重新找到社会化进步动力的愿望。但两者之间的对立只是表面的，因为没有效率，社会化发展的潜力也将受限。

与盎格鲁—撒克逊金融（也被称为"国际市场"）的对峙将会是直接的。想要重新掌控金融机构，使其为生产和社会化政策服务，就必须首先建立起一个强大自主的欧洲金融体系；其次是拥有一种同样强大的货币，这里所说的强大不是指汇率高，而是指它对抗"市场"的能力。很实际地来说，这意味着这一货币能够在国际商业和金融交易中与其他货币对等地谈判；这本应是欧元该做的。

闭关锁国并不可取。欧洲需要进口制造业产品、原材料和石油产

第十一章　欧洲：促成左翼妥协方案，保留并超越

品，这就意味着要大量出口。世界上任何国家或地区都应该追求国际收支的平衡；首先是贸易平衡。在当今局势下，一个常年处于对外赤字，且外债上升的国家或地区等于将自己交付给了债权人，而后者经常就是那些盎格鲁—撒克逊金融机构。从这一角度来说，我们的理念任重道远；因为左翼妥协方案下的欧洲将是注重社会和生态效益的，这必然会产生成本，并使得这片大陆的国际竞争力存疑。

克服这一矛盾有三种互补的方式。第一种是在生产中寻求效率，这意味着不要先天地就排斥技术进步。追求效率和资本主义追逐最大利润的原则之间并不能画上等号。在压低薪水、限制社会保障，以及一些牺牲环境的做法之外，工业主义道路还是能在效率方面教给我们很多东西。第二种方式是扭转当今的去工业化趋势，也就是让生产回归本土。第三种方式是使用一切经济政策杠杆：如工业政策、保护主义、控制资本流动等。让新自由主义在全球大肆扩张的自由贸易和自由流动原则远非绝对的，它们有必要为社会和生态目标让路：左翼妥协方案下的欧洲应当保护它的对外贸易，并避开资本流动。在世界金融面前形成一个强大自主的欧洲金融体系是施行这些政策的先决条件；它让企业可以独立于股东利益之外实现自我管理，并禁止资本逃逸；两者紧密相连。

在经济、政治以及文化等所有领域，全球化都是一个值得追求的目标。但我们说的不是那个以满足富人利益最大化为目的，让全球劳动者相互竞争的新自由主义全球化。必须认识到的是："边缘"国家也有权利发展，但融入新自由主义全球化并不是唯一的发展之路，战后那些不同的进口替代模式就证明了这一点。无论如何，左翼妥协方案下的欧洲都应当拒绝帝国主义的一些做法，譬如像战后对原材料价格所进行的贬值，或者像新自由主义的扩张做法。但与此同时，"中

心"国家的大众阶级也有权利保证他们在过去曾经享有的生活和社会保障水平。如何解决这个看似矛盾的问题？通向全球化的唯一道路就是合作和分享。在当今局势下，只有通过制定不同地区之间的双边协议才能实现，而后者必须兼顾双方利益，体现出团结性。

无论是从社会保障角度，还是从生态角度出发，基于它依旧处于领先位置的事实以及它的传统，欧洲有责任为世界作表率。它需要在大范围内证明另一个世界，一个讲究社会化和生态化的世界是有可能实现的。这首先将让欧洲人受益，并最终惠及更多人群。

共同执政，如何避免历史重演？

最大的困难可能将会出现在政治层面，也就是在"制度性政治中心"。左翼妥协方案正是将在这个领域内逐步确立。而民主将成为重中之重。本书第一部分所提出的重要两点就与阶级社会（一切社会都是阶级社会）中不同民主的本质相关。第一点谈的是民主游戏局限于上层阶级内部，要实现一种联合了大众阶级的民主困难重重。第二点则弱化了这一否定判断，将国家机构变为某种特定社会秩序内统治和妥协成型的社会"场所"，并成为实现它们共同行为的工具。此处需要认真对待的是"妥协"一词。左翼妥协方案既不是要把高级管理者们从金融监管下解放出来，让他们手握大权，随心所欲地领导经济和社会发展；也不是沉醉在大众阶级彻底掌权，取消一切等级体系的幻觉之中；而是要那些国家性的民主机构提出一个管理者和大众阶级都能参与其中的渐进方案，并找到实现它的手段。国家制定规则（我们已经在讲述企业高层管理的时候见识了），定义政策；妥协则表现在这些规则和政策每一步的建立过程当中。但与此同时，又必须由大众阶级来为更远的将来确立执政方向：那就是以实现一个更为民主公平

第十一章 欧洲：促成左翼妥协方案，保留并超越

的社会之名，完成对妥协本身的超越。

在一个由管理者阶级和大众阶级构成的联盟当中，谈民主会涉及几个不同的层面。第一个是管理者阶级内部的民主。这一阶级的不同组成部分都涉及其中。历史告诉我们：只要该阶级中的某一类别的人群优势地位过大且长久保持，那么民主败坏的风险也将变得很大。在这一平衡中，重要的是那些保证不同类别人群之间和谐的普通社会化措施，而不是制度性的规则。比如，在新自由主义中，服务于资本主义所有者的金融管理者将另一个阶级的逻辑强加于社会；而在有些社会主义的国家内，公共行政管理者和政治管理者们则通过实行中央控制将其他管理者的行为加以限制。尽管有着自身的某些局限，但这第一层民主却是左翼妥协方案不可或缺的组成部分，保证了它的稳定性。第二个重要方面在于大众阶级必须以自己的身份参与政治生活。为了让它不流于形式，参与过程必须依托在足够确保他们行为协调性的结构和实践力量上：这些参政行为可以出现在传统组织中，如工会、政党、运动等等；可以出现在地方上，如各县市、企业、协会等等；也可以表现为与信息控制相关的文化及意识形态自主的种种形式。民主的最后一个层面在于这一联盟中两个阶级在斗争中共存。"民主"因此而延伸为达成妥协的能力，也就是说在一个超越了阶级局限的"拓宽式民主"中，实现目标和利益的均衡和共享。

管理者阶级的内部民主、大众阶级的自主，以及拓宽式民主这三大要素之间互为保证。管理者中间不同群体之间的权力平衡和大众阶级自主提供了一个更为深层的制制度性民主的空间。相应地，拓宽式民主也让大众的施压能够起到作用；它可能是唯一能够真正避免管理者阶级野心失控的前提。

即使到了最后一步，需要克服的困难仍然相当大。政治民主的优

先形式是代议制民主。这一称谓本身带有陷阱，因为"代议"意味着"委托"政界专家和干部议政。正因如此，对于大众阶级而言，左翼妥协方案也带有相当大的风险。在管理者阶级角度来说，左翼基础上的结盟有变成"工具"（而非"目的"）的趋势。在当下的危机形势下，即使管理者们能摆脱不作为的现状，管理者阶级对大众阶级的工具化也不是没有可能的。二战后的历史就体现了这一转变。

因此，在今天为左翼妥协方案进行辩护有一个必然的结果：那就是在实现这一妥协的过程中可以确保历史不会重演。从大众阶级角度来说，有着双重需要。首先，尽可能地促使管理者和资产所有者分离，直到取消资本主义所有制。其次，将超越管理主义本身提上议事日程。同时避免这两大任务互相影响。妥协方案的种种动因应当全面进入"公民"生活的各个方面。因为对于能力和效率的追求消除了主动抗争行为，并持续重建权力等级体系；而左翼妥协方案应当促成以超越控制性等级体系为目的的一切经验。

政治—假想

建设另一种社会、另一个世界，至少是另一个欧洲，这样的计划很容易让人激情澎湃。事实上，鉴于当下危机的严重性以及右翼和极右翼的同流合污，改变确实迫在眉睫。但与此同时，以一种不恰当的方式放弃改变的风险也不小。人们常常会说在欧洲什么都做不成。哪怕像法国这样的国家有可能让一个真正意义上的左翼政府执政，人们也会不禁自问：它的操作空间有多大？有人会立即打断说："德国会反对"；"欧盟的种种条约会禁止这样的做法"；或者"市场会阻挠"。另一个被频繁提及的理由就是这片古老大陆上的民族主义情结，它强大到让改变因为无法凝聚人心而流产。

第十一章 欧洲：促成左翼妥协方案，保留并超越

而我们应当依托的是所有这些声音的反面。以欧盟种种条约为借口，是忽视了从《罗马协议》开始，对于这些条约的修正从未间断，这一修正也是朝着我们所熟知的方向进行的。一切都已确立并不能成为障碍，因为没有哪一个高级权力机构禁止我们重新制定条约。至于民族身份带来的负担，即缺乏对于欧洲的认同感这一问题，我们应该予以反驳：以这一点作为借口的人不懂什么样的选择才能在这个陷入绝望，并对右翼绝望（甚至最年轻的人）的欧洲凝聚人心，激发大众热情；他们也不懂只有欧洲视野才是最值得鼓励的。

经济空间必然是欧洲范围的；然而，这一空间似乎在政治上遭到了封锁；因此，政治空间首先是国内范围的。我们要做的是开启一个过程。让其中一个欧洲国家由一个承载了革新计划的政府执政，并进入欧盟机构，公开提出实施左翼变革的需要。随后我们便可以展望一场庞大的社会运动在欧洲大陆大部分国家，甚至德国开始兴起。因为不作为是绝望的根源，而希望在于斗争。

注　释

导　言

1. 参见托洛茨基（L. Trotski）的《我们的政治任务》（*Nos tâches politiques*）一书，巴黎德努埃尔·贡提耶出版社，1970年。该词也被罗兰·勒引用，参见其《知识分子、国家和革命：中国共产主义和现实社会主义漫谈》一书，巴黎拉玛棠（L'Harmattan）出版社，1997年。也可参见热拉尔·迪梅尼尔，多米尼克·莱维和罗兰·勒合著的《干部主义和社会主义：苏联中国之比较》一文，出版于1999年的《过渡》杂志。

2. 参见列文（M. Lewin）的《苏联的世纪》一书，巴黎法雅与外交世界合版，2003年。

第一章

1. 本章与下一章将大致介绍雅克·比戴和热拉尔·迪梅尼尔所说的"新马克思主义"。参见两人合著的《另一个世界的另一种马克思主义》一书，巴黎法国大学联合出版社（PUF）出版，2007年。此处的版本来自于本书作者热拉尔·迪梅尼尔和多米尼克·莱维（尤其是《超越资本主义？》一书，巴黎法国大学联合出版社出版，1998年）。

2. 参见J. 伯纳姆（J. Burnham）的《管理革命：世界正在发生什么》一书，纽约约翰·戴公司，1941年版；艾尔弗雷德·D. 钱德勒的《看得见的手：美国企业的管理革命》，哈佛大学出版社，剑桥和伦敦，1977年。

3. 鲁道夫·希法亭的研究证明了这一点，参见《金融资本：资本主义近期发展研究》，巴黎子夜出版社，1970年。艾尔弗雷德·钱德勒对英国经济的落后作了一个有意思的解读；他认为这一落后可能来自于资产和管理领域转型过慢。参见艾尔弗雷德·D. 钱德勒的《规模与范围：工业资本主义的动力》，哈佛大学出版社，剑桥和伦敦，1990年。

4. 这个词由于M. 阿尔伯特（M. Albert）的著作，《资本主义反资本主义》而广为人知，巴黎色伊（Le Seuil）出版社，1991年。

5. 参见热拉尔·迪梅尼尔、M. 洛伊和E. 雷诺合著的《阅读马克思》，巴黎法国大学联合出版社出版，2009年，第三部分，第一章。

6. 参见热拉尔·迪梅尼尔和多米尼克·莱维合著的《新自由主义的成本和优势：一种阶级分析》一文，系为1998年在巴黎召开的第三届国际马克思大会准备的报告，该大会由《今日马克思》杂志组织。可登录www.jourdan.ens.fr查看。另参见两人合著的《资本复兴：新自由主义革命的根源》，哈佛大学出版社，剑桥，2004年。

7. 参见A. 贝勒（A. Berle）的《没有财产的权力》一书，纽约哈考特（Harcourt）出版社，1960年。

第二章

1. 参见P. 米洛斯基（P. Mirowski）和D. 普列维（D. Plehwe）合

注　释

著的《朝圣山学社之路：新自由主义思想集合的形成》（*The Road from Mont Pelerin. The Making of the Neoliberal Thought Collective*）一书，哈佛大学出版社，剑桥和伦敦，2009 年。

2. 参见 O. 高德肖（O. Godechot）的"金融该为法国收入差距上升负责吗？"一文，刊登于《社会经济观察》杂志，2012 年。

第三章

1. 参见托马斯·皮凯蒂和伊曼纽尔·赛斯合著的"美国的收入不均：1913—1918"，刊登于 2003 年的《经济季刊》；托马斯·皮凯蒂《21 世纪资本论》一书，巴黎瑟伊出版社，2013 年；F. 阿尔弗雷多、A. 阿特金森、托马斯·皮凯蒂、伊曼纽尔·赛斯合著的《世界最高收入数据库》，巴黎经济学院，2013 年，可登录 http://topincomes.parisschoolofeconomics.eu 查看。

2. 参见热拉尔·迪梅尼尔和多米尼克·莱维合著的《新自由主义的危机》一书，哈佛大学出版社，剑桥，2011 年，第一部分第三章。

3. 参见 C. 郎岱的"法国的最高收入（1998—2006）：不均的激增？"，巴黎经济学院，2008 年 6 月；O. 高德肖的"金融该为法国收入差距上升负责吗？"一文，刊登于《社会经济观察》杂志，2012 年。

4. 大家可以在 H. D. 惠特克（H. D. Whittaker）和 S. 迪金（S. Deakin）的文章中找到一些实用的基本信息，"不同的道路？日本企业的管理改革"，收录于《企业治理和管理改革》一书，牛津大学出版社，纽约，2009 年。

5. 参见 F. 布洛克—莱内（F. Bloch-Lainé）的《公司改革》一书，巴黎色伊出版社，1963 年。

6. 参见 J. K. 加尔布雷斯的《新工业国家：美国经济体系漫谈》

一书，巴黎伽俐玛出版社，1968年。

第四章

1. A. 贝尔古尼乌（A. Bergounioux）和 B. 马南（B. Manin）合著的《社会民主体制》一书对社会民主体制和凯恩斯主义特征在瑞典的结合作了很好的描述。

2. 参见 R. 阿布德拉尔（R. Abdelal）的《资本法则：全球金融的建设》一书，哈佛大学出版社，剑桥，2007年。

第五章

1. 参见热拉尔·迪梅尼尔和多米尼克·莱维合著的《危机与出路：新自由主义的秩序和无序》一书，巴黎法国大学联合出版社，2000年。

2. 同上，第十八章。

3. 参见热拉尔·迪梅尼尔和多米尼克·莱维合著的《新自由主义的危机》一书第十一章。

4. 参见热拉尔·迪梅尼尔和多米尼克·莱维合著的"21世纪初期危机：对于其他诠释所作的评论"一文，2011年，可点击 www.jourdan.ens.fr/levy 这一链接查阅。同时参见热拉尔·迪梅尼尔和多米尼克·莱维合著的"21世纪初期危机：马克思主义角度"一文，收录在由贝尔菲奥雷和维托瓦合编的《大萧条与当代资本主义的矛盾》一书，2014年。

第六章

1. 参见阿佩多恩（B. Apeldoorn）的"机构与欧洲管理：欧洲工

业家圆桌会议案例",刊登于《新政治经济》杂志,2000 年第 2 期,第 57 至 181 页。

第七章

1. 有些作者将"盎格鲁—撒克逊"式资本主义与其他资本主义形式（如德国式、日本式、斯堪的纳维亚式等等）区分开来,这是十分正确的。参见 M. 阿尔伯特的《资本主义反资本主义》一书；R. 鲍耶 2004 年出版的《资本主义可能有同一种理论吗？》一书；B. 阿玛布勒 2005 年出版的《五种资本主义》一书。而关于当下局势的分析,我们首先想到的是 M. 阿格列塔和 T. 布兰德合著的《欧洲的新政》一书,2013 年出版。

2. 这一节与下一节的内容建立在以下著作基础之上：R. C. 巴恩斯和 E. R. 里特合著的"公司关联网络：1962—1995"一文。刊登于《批评社会学》杂志,2001 年第 2 期,第 192—220 页；D. 邦亭的"美国公司网络的起源"一文,刊登于《社会科学史》杂志,1983 年第 7 期,第 129—142 页；G. W. 杜霍夫的《美国企业社群董事关联中的关联简史》一书,2005 年,点击 http://whorulesamerica.net/power/corporate_community.html 这一链接可以查阅；G. W. 杜霍夫的《谁管理美国？权力,政治和社会变革》一书,2006 年版；M. S. 米兹鲁奇的"关联何用？对于关联同事所作研究的分析、讨论和评估"一文,刊登于《社会学年度评论》杂志,1996 年,第 22 册,第 271—298 页；W. G. 罗伊的"关联董事和公司网络"一文,刊登于《社会科学史》杂志,1983 年,第 7 期,第 143—164 页；J. 斯科特的《精英社会学》一书第 3 册："关联董事和公司网络",1990 年；M. 尤瑟姆的《内循环：英美大企业以及商业政治活动的兴起》一书,1984 年。

3. 参见 M. 卡汗和 E. B. 洛克合著的"企业管理和控制中的对冲基金"一文，刊登于《宾夕法尼亚大学法律评论》杂志，2007 年，第 1021—1093 页。

4. 参见 S. 维塔利、J. 格拉菲尔德和 S. 巴蒂斯顿合著的"全球企业控制网络"一文，刊登于 PLOS ONE 杂志，2011 年，第 10 期；S. 维塔利和 S. 巴蒂斯顿合著的《全球企业网络的社群结构》一书，2013 年。

5. 这类图表在一篇研究网络图表结构的文章中被普及化。参见由 A. 布罗德、R. 库马尔、F. 马胡尔、P. 拉贾文、S. 拉贾哥帕兰、R. 斯塔塔、A. 汤金斯和 J. 维纳合著的"网络的图标结构"一文，属于第九届世界互联网大会议程，刊登于《国际计算机与电信网路期刊》，2000 年，第 309 至 320 页。

6. 参见 M. 哈特曼的"经济精英的国际化和本土特色"一文，刊登于《社会科学研究公报》，2011 年，第 190 期，第 10—23 页。

第八章

1. 我们之所以能做出这些诊断，极大地得益于 W. K. 卡罗尔、M. 费内玛和 E. M. 西斯科克合著的"欧洲公司组建：对于精英社会组织的研究"一文，刊登于《反面》杂志，2010 年第 4 期，第 811—843 页；以及 E. M. 西斯科克的"欧洲精英企业的上升：2005 年至 2010 年间关联董事网络的明证"一文，刊登于《经济与社会》杂志，2013 年第 1 期，第 74—101 页。

2. 参见以下链接：http：//www.efr.be。

3. 参见注释 1 所提到的"欧洲精英企业的上升"和"欧洲公司组建"两篇文章；以及由 K. 范德皮尔、O. 赫尔曼和 O. 拉维夫合著的

"德国资本在欧洲的重生：1991年后的欧盟整合和大西洋关联董事网的体系重建"一文，刊登于《国际政治经济观点》杂志，2010年第3期，第384—408页。

4. 参见由Y. Hamao，K. Kutsuna和P. Matos合著的"日本的美式投资激进主义：第一个十年"一文，出自马歇尔商学院2010年的一份报告。

5. 参见H. D. 惠特克和S. 迪金合著的"不同的道路？"一文。

6. 在这一点上，我们与米歇尔·阿格列塔和托马斯·布兰德一致。参见两人合著的《欧洲的新政》一书，第172页。

7. 参见M. 阿尔伯特的《资本主义反资本主义》一书，第270, 274页。

第九章

1. 参见S. J. 伊文尼特（S. J. Evenett）的"保护主义静静回归"一文，收录于GTA（Global Trade Alerte）出版的《G8峰会前报告》，伦敦，2013年。

2. 参见热拉尔·迪梅尼尔和多米尼克·莱维合著的《新自由主义的危机》一书，第122—123页。

3. 参见R. 阿布德拉尔的"国际货币基金组织和资本收支"一文，收录于E. M. 特鲁曼的《为了21世纪改革国际货币基金组织》，2006年，第186页。

第十章

1. 参见H. S. 希尔金和M. 津瑟和J. 罗斯合著的"美国出口激增的背后：作为世界上制造成本最低的发达国家之一的美国"一文，由波士顿咨询集团在2013年出版，第7页，文章可通过以下链接查阅：www.bcgperspectives.com。

2. 参见美国国防大学、金融服务业、美国武装部队工业学院：年终报告，2012年春季出版，第3页。

3. 这是2012年10月10日《费加罗报》的说法。

第十一章

1. 参见C. 德儒的《法国之痛：社会不公的常态化》，1998年。

图书在版编目(CIP)数据

大分化：正在走向终结的新自由主义/(法)迪梅尼尔，(法)莱维著；陈杰译. —北京：商务印书馆，2015

（国际文化版图研究文库）

ISBN 978-7-100-11399-1

Ⅰ. ①大… Ⅱ. ①迪… ②莱… ③陈… Ⅲ. ①新自由主义(经济学)—研究 Ⅳ. ①F091.352

中国版本图书馆 CIP 数据核字(2015)第 145575 号

所有权利保留。
未经许可，不得以任何方式使用。

大分化
正在走向终结的新自由主义

〔法〕热拉尔·迪梅尼尔　多米尼克·莱维　著
陈　杰　译

商务印书馆出版
（北京王府井大街36号　邮政编码100710）
商务印书馆发行
北京鑫海达印刷有限公司印刷
ISBN 978-7-100-11399-1

2015年8月第1版　　开本 700×1000　1/16
2015年8月北京第1次印刷　印张 10$\frac{3}{4}$

定价：30.00元